CHEGA DE CARREGAR O MUNDO NAS COSTAS!

Dados Internacionais de Catalogação na Publicação (CIP)
(Jeane Passos de Souza – CRB 8ª/6189)

Meyer, Barbara

Chega de carregar o mundo nas costas! 21 dias para aproveitar a vida / Barbara Meyer, Isabelle Neveux; prefácio de Raphaëlle Monod-Sjöström; tradução de Maria José Perillo Isaac. – São Paulo : Editora Senac São Paulo, 2016.

Título original: J'arrête d'être débordée!
Bibliografia.
ISBN 978-85-396-1102-7

1. Autoestima : Psicologia aplicada   I. Neveux, Isabelle. II. Título.

16-428s

CDD – 158.1
BISAC PSY036000

Índice para catálogo sistemático:
1. Autoestima : Psicologia aplicada   158.1

Barbara Meyer
Isabelle Neveux

CHEGA DE CARREGAR O MUNDO NAS COSTAS!

21 dias para aproveitar a vida!

Tradução: Maria José Perillo Isaac
Prefácio de Raphaëlle Monod-Sjöström

Editora Senac São Paulo – São Paulo – 2016

ADMINISTRAÇÃO REGIONAL DO SENAC NO ESTADO DE SÃO PAULO
Presidente do Conselho Regional: Abram Szajman
Diretor do Departamento Regional: Luiz Francisco de A. Salgado
Superintendente Universitário e de Desenvolvimento: Luiz Carlos Dourado

EDITORA SENAC SÃO PAULO
Conselho Editorial: Luiz Francisco de A. Salgado
Luiz Carlos Dourado
Darcio Sayad Maia
Lucila Mara Sbrana Sciotti
Jeane Passos de Souza

Gerente/Publisher: Jeane Passos de Souza (jpassos@sp.senac.br)

Coordenação Editorial: Márcia Cavalheiro Rodrigues de Almeida (mcavalhe@sp.senac.br)
Comercial: Marcelo Nogueira da Silva (marcelo.msilva@sp.senac.br)
Administrativo: Luís Américo Tousi Botelho (luis.tbotelho@sp.senac.br)

Edição de Texto: Heloisa Hernandez e Luiz Guasco
Preparação de Texto: Heloisa Hernandez
Revisão de Texto: Patricia B. Almeida, Karinna A. C. Taddeo
Editoração Eletrônica: Thiago Planchart
Impressão e Acabamento: Art Printer Gráficos Ltda.

Título original: *J'arrête d'être débordée!*
© 2014, Groupe Eyrolles, Paris, França
Groupe Eyrolles – 61 boulevard Saint-Germain – 75005 Paris – França

Organização da coleção: Anne Ghesquière
Ilustrações: Mademoiselle Caroline
Projeto gráfico: Hung Ho Thanh

Todos os direitos desta edição reservados à:
Editora Senac São Paulo
Rua 24 de maio, 208 – 3º andar – Centro – CEP 01041-000
Caixa Postal 1120 – CEP 01032-970 – São Paulo – SP
Tel. (11) 2187-4450 – Fax (11) 2187-4486
E-mail: editora@sp.senac.br
Home page: http://www.editorasenacsp.com.br

© Editora Senac São Paulo, 2016

Sumário

Nota do editor VII

Prefácio. IX

Introdução XI
    Por que este livro?. XI
    Um método testado e aprovado. XII
    Os princípios-chave deste método XVI

1ª semana
Treinamento de atleta. 1

Capítulo 1. Aliviando a pressão. 3
    Um olhar diferente sobre si mesma. 3
    Preste atenção em você 5
    Cuide de si 7
    Afirme-se. 8

Capítulo 2. Criando um espaço de conforto. 13
    Recarregue as suas energias. 13
    Poupe-se. 15
    Sonhe!. 18
    Preserve-se e tome decisões. 20

Capítulo 3. Cuidando do corpo e da mente 23
    Descanse o corpo 23
    Dê energia ao corpo 27
    Reserve um tempo para se cuidar 29
    Recicle a mente 32
    Vigie a mente 36

2ª semana
Aliviando-se da sobrecarga 41

Capítulo 4. Interagindo com os mais próximos 43
    Valorize a família 43

Crie uma identidade familiar 45
Forme uma equipe com o seu parceiro 49
Apoie-se nos amigos 51

Capítulo 5. Distribuindo cartas 55
Reparta as tarefas 55
Preserve a arte de fazer anotações 60
Regenere o seu espaço 66

Capítulo 6. Jogando com o tempo 76
Viva o presente 76
Hierarquize suas prioridades 81
Torne-se mais eficiente 83

3ª semana

Indo em frente, segura de si 89

Capítulo 7. Praticando exercícios 91
Perfil de campeã 91
Aceite a realidade 96

Capítulo 8. Revelando-se 100
Descubra os seus próprios valores 100
Liberte-se das crenças limitantes 104
Identifique a "voz interior" 107
Não viva apenas em função das obrigações 114

Capítulo 9. Desenvolvendo-se 117
Desobrigue-se para progredir 117
Pense positivo 120
Ganhe força com imagens positivas 127
Crie um entorno mais agradável 130
Cultive a felicidade 134
Do sonho à concretização, o poder dos projetos 138

Caderno de dicas das amigas 143

Conclusão 167

Bibliografia 170

Nota do editor

Administrar uma carreira, uma casa, um relacionamento, acompanhar o desenvolvimento e estar presente na vida dos filhos, além de ter de reservar um tempo para cuidar de si e para encontrar os seus amigos e familiares, demanda muita organização e equilíbrio.

Chega de carregar o mundo nas costas! tem a intenção de ajudá-la a realizar todas essas atividades, por meio de diferentes metodologias, que têm como inspiração desde o preparo mental dos atletas à experiência de pessoas como você, que têm de lidar com os mais diversos compromissos, em um curto espaço de tempo.

Neste livro, você perceberá que delegar tarefas ou criar listas daquilo que tem de fazer alivia o seu trabalho, assim como uma visão mais positiva do seu dia a dia, com o foco no seu potencial e nas suas conquistas. Para tanto, são propostas atividades ao longo de três semanas, nas quais você deverá inicialmente prestar atenção em si mesma, levando em conta as suas emoções, os seus pensamentos e as suas atitudes, direcionando depois o seu olhar aos próximos, em especial à família, para melhorar a forma como todos se inter-relacionam, visando à cooperação mútua.

Abordando aspectos da cultura francesa que possam ser considerados aplicáveis ao contexto brasileiro, este lançamento do Senac São Paulo tem por objetivo estimular a qualidade de vida em meio aos compromissos do dia a dia, para que você realize os seus projetos pessoais conciliando os seus diferentes interesses.

Prefácio

A leitura deste livro produziu em mim o efeito de uma bela surpresa. Não a de um presente que recebemos no aniversário, mas sim a que aparece quando não a esperamos. Um vizinho que ajuda a descarregar o carro, os filhos que entram debaixo das cobertas para nos beijar.

A cada página, enxerguei uma ajuda preciosa, mais ou menos como os bastões de esqui. Antes de usá-los, julgamos não precisar deles, mas, uma vez que os seguramos, eles se mostram essenciais, um prolongamento dos nossos braços e do nosso corpo. Eles nos guiam, sustentam, dão-nos estilo, desenvoltura e segurança.

Ex-esportista de alto nível, mãe de três filhos e empresária, hoje posso dizer em alto e bom som que educar filhos e viver como uma mulher é um desafio bem mais difícil do que ganhar os campeonatos mundiais.

Mas posso também confiar-lhes que acho esse desafio tão mais prazeroso que dou o melhor de mim a cada dia para vivê-lo a fundo!

Seguramente, nem todos os dias são fáceis, mas penso que não podemos nos enganar quando agimos ou reagimos com amor, e que o nosso amor pela família deve continuar sendo uma corrida, não para atingir a perfeição, mas justamente para avaliar que ser mãe, para aquelas que decidem pela maternidade, é uma de nossas melhores recompensas!

Então, quando Barbara ligou para me propor prefaciar *Chega de carregar o mundo nas costas!*, exatamente no momento em que meus filhos estavam tomando o café da manhã no carro e eu estava atrasada, pensei, principalmente, que teria a oportunidade de ler um livro que faria me sentir menos só nas minhas fraquezas do cotidiano.

Também encontrei nele um método divertido e fácil de ser adotado, com a dose certa de benevolência para com a minha família e para comigo mesma. Um método cheio de dicas para me guiar, para me apoiar, para me dar estilo, desenvoltura e segurança a fim de que eu me sinta tão bem no meu dia a dia quanto sobre os meus esquis!

Assim sendo, eu desejo que vocês também encontrem as motivações que lhes darão asas e uma boa energia para viver o cotidiano, sem ter de sujeitar-se a ele.

Raphaëlle Monod-Sjöström

Campeã mundial de esqui em 1989, 23 copas do mundo e medalhista de prata nos Jogos Olímpicos de Inverno de Calgary em 1988, convertida em consultora de desenvolvimento de cosmética natural para a casa.

Introdução

Por que este livro?

Nós nos conhecemos em nosso bairro, por intermédio de amigas próximas, na escola, nas aulas de pilates. Tínhamos em comum o fato de ter três filhas entre 3 e 11 anos e ter optado por reorganizar a nossa vida profissional a fim de fazer sobrar tempo para elas, para as nossas famílias, para os outros. A condição de empresárias autônomas tinha nos permitido organizar rapidamente as nossas novas atividades profissionais com inteira autonomia, com a ideia de que fossem mais rentáveis e que também nos deixassem mais disponíveis para os nossos filhos. Mas, muito depressa, fomos apanhadas de novo pelo cotidiano, uma vez que os negócios não param às 16 horas! Nós também dissemos: "Eu me sinto desanimada, sobrecarregada, cansada", "Nunca vou conseguir", "Planejo e nada acontece como foi previsto", "Gostaria de ter avançado mais sobre o que dissemos na última vez", etc. Tivemos de nos adaptar e nos organizar para não perder de vista os nossos objetivos iniciais. Foram necessários respectivamente dois e três anos para estruturar o nosso tempo e adquirir uma real serenidade.

O que nos aproximou foi, sobretudo, o fato de termos precisado muitas vezes batalhar para realizar os nossos desejos, de sermos apaixonadas por acompanhar e desenvolver os outros, em particular as mulheres que encontramos, cada uma no seu trabalho, na melhor das hipóteses puxadas de um lado a outro pela eterna questão do equilíbrio entre vida profissional e vida pessoal; na pior, deprimidas, enredadas em seu cotidiano, à beira de um *burnout*,[1] mas, apesar de tudo, tentando, dentro do possível, fazer coincidirem os seus ideais de vida com a realidade do dia a dia, por vezes agitado. É por elas que nutrimos uma ternura toda especial.

Tínhamos também uma dívida de gratidão e vontade de dar a elas um pouco do que a vida nos dera. Foi o que nos fez decidir por compartilhar a nossa experiência e também um pouco da nossa história, lançando-nos na redação deste livro.

Esta publicação é dedicada a todas as mulheres que devem administrar a sua vida como chefes de empresa, tendo o cuidado de proteger os seus enquanto constroem o seu futuro. Para todas as que exercem uma atividade remunerada ou que se tornaram "responsáveis pela logística" de seus lares e que têm a sensação de que algo lhes escapa. E, enfim, para todas as mulheres sobrecarregadas e atrapalhadas que gostariam de aproveitar um pouco mais cada fase de vida, sem abrir mão de seus objetivos.

Um método testado e aprovado

Durante os últimos anos, testamos as dicas de nossas amigas e de nossas clientes, aprofundamos conceitos que nos pareciam interessantes e teorizamos nossos hábitos para elaborar uma metodologia.

Como resultado, este método, criado com o objetivo de que deixemos de carregar o mundo nas costas, reúne o melhor de nossas experiências pessoais e profissionais. Tivemos o cuidado de não privilegiar nenhuma delas especificamente, mas sim de encontrar um equilíbrio entre elas para conciliar os nossos compromissos profissionais e a nossa vida familiar.

---

[1] Distúrbio psíquico de caráter depressivo, precedido de esgotamento físico e mental. [N. do E.]

Um método revigorante

Com base em nossos respectivos ofícios, de coach de esporte e de carreira, inspiramo-nos nas técnicas de preparação mental e de avaliação de competências para orientá-la e também para estimulá-la a ser sincera consigo mesma e a viver de acordo com os seus valores. Oferecemos a você conselhos práticos de organização (e algumas recomendações a partir de nossa experiência profissional), exercícios para simular situações e todas as nossas dicas para sermos mais felizes e mais serenas em 21 dias.

E, como nada pode mudar se não houver decisão e consciência dessa mudança a cada momento, convidamos você a se empenhar neste período para:

- tornar-se protagonista da sua própria vida;
- abandonar os velhos hábitos que a impedem de progredir;
- dar início a mudanças, de maneira que os novos hábitos se tornem rituais;
- incorporar esses rituais de felicidade e de bom senso na mente e no corpo.

Sabendo que o hábito é uma disposição adquirida, relativamente permanente e estável, que se torna uma espécie de segunda natureza, concebemos e experimentamos um método de 21 dias, que lhe permitirá livrar-se de velhos hábitos cronometrados e desvalorizadores para substituí-los por outros novos, mais energizantes.

Sua força reside na regularidade de um ritual: a repetição de um gesto para integrar novos esquemas de pensamentos e ajudá-la a recuperar toda a energia necessária à sua vida.

O método "21 dias para deixar de carregar o mundo nas costas" é simples e autêntico. Esse período, ainda que curto, é suficiente para dar início à mudança, aprender a se organizar sem esquecer, distinguir o importante do essencial, redefinir prioridades e viver serenamente, aproveitando cada instante.

Por que 21 dias?

Sentimos muito ter de dizer a você que não temos uma varinha mágica e que vão ser necessários 21 dias – isto é, três semanas inteiras – para mudar o seu hábito de carregar o mundo nas costas.

Essa duração específica resultou de diversos estudos que demonstraram que o cérebro precisa de 21 dias consecutivos para assimilar uma mudança e aceitar novos hábitos. William James (1842-1910), filósofo e psicólogo americano, foi um dos primeiros a demonstrar essa teoria – por isso dividimos a programação proposta no livro em três semanas, ou 3 × 7 dias para deixar de carregar o mundo nas costas!

Esses estudos também mostraram que incorporar um ritual em nosso cotidiano aumentava as nossas probabilidades de sucesso. Na verdade, o ritual permite fixar um novo hábito no nosso dia a dia até que ele se torne algo natural.

O ritual da Melhor Amiga

Mas, então, quem é essa personagem para recortar que está na orelha do livro?

Ela foi inspirada em um costume maia segundo o qual uma pessoa que não consegue dormir por conta de suas preocupações pode confiá-las a uma boneca confeccionada pelas mulheres das aldeias. Depois, coloca-se a boneca debaixo do travesseiro e, durante a noite, ela toma posse de suas preocupações, melhora o seu sono e o seu discernimento.

Foi a partir desse ritual que concebemos uma "melhor amiga", uma "confidente", uma "alma gêmea" que lhe dará apoio durante 21 dias.

Para adequá-la ao seu gosto, você pode pintá-la ou cortar um pedaço de pano da sua escolha: poliéster, algodão, um paninho dos seus filhos ou fita de cetim, que você vai colar ou prender na sua boneca.

Nós a batizamos de Melhor Amiga para que você fique livre para associá-la ao nome de alguma amiga sua, por exemplo. O que pode haver de mais agradável do que ter alguém de confiança sempre ao seu lado? Talvez seja um amiga da escola, de quando nos formamos e assumimos as nossas primeiras grandes decisões (amorosas, profissionais, sociais). Nós nos sentíamos mais leves, com menos responsabilidades.

Por isso, nós a convidamos a recuperar um pouco daquela leveza e do aconchego, confiando à sua Melhor Amiga o que você conseguiu fazer e tudo aquilo em que deseja progredir.

No decorrer desses 21 dias, o ritual da Melhor Amiga vai possibilitar que você formule o que quer melhorar para viver plenamente a sua vida. Ele vai lhe permitir reforçar as suas ações e lembrar-se de seus compromissos, além de incentivá-la a pôr em prática as mudanças necessárias.

O ritual da Melhor Amiga consta de três pequenas etapas:

1. Eu gravo os meus novos compromissos na mente e no corpo, confiando à Melhor Amiga, a cada dia, três frases que começam por:

- "Chega de..."
- "Eu me comprometo a..."
- "Eu me felicito por..."

Essas frases irão validar cada etapa e deverão ser ditas em voz alta. Você vai tornar a encontrá-las ao longo das páginas deste livro.

2. Eu coloco a Melhor Amiga debaixo do travesseiro durante a noite, respeitando o ritual maia.

Eu penduro a Melhor Amiga na minha bolsa para levar comigo o compromisso da véspera. Durante o dia inteiro, ao ver a Melhor Amiga ou ao tocá-la, repito o meu compromisso.

Fique atenta, se você esquecer uma única noite, deverá recomeçar do primeiro dia, até completar o seu ritual com a Melhor Amiga por 21 dias consecutivos. O princípio do ritual é esse.

Os objetivos do método

O ritual da Melhor Amiga tem por objetivo ajudar você a elevar--se, a valorizar o caminho percorrido e assumir novos compromissos para o dia seguinte. E tudo isso estando de acordo consigo mesma, com os seus valores e com as suas vontades.

Estabelecer esse ritual durante 21 dias é trilhar um caminho para aproveitar plenamente a vida. É organizar as suas tarefas do cotidiano, delegando, enxergando tudo mais próximo da realidade, desvencilhando-se daquilo que não quer mais ser, expressando em voz alta o que você está vivendo e sentindo, a fim de libertar--se daquela tensão interior e inscrevê-la em um contexto mais palatável.

Os princípios-chave deste método

Formalizar

Formalizar é dar nome ao que nos incomoda e nos deixa contrariados. Uma coisa é não estar satisfeito com o seu dia, com o seu trabalho, com os seus filhos, etc. Outra é compreender o objeto da nossa insatisfação.

Se todas as manhãs, a caminho do trabalho, você se sentir angustiada, diga em voz alta: "Eu não gosto de ir ao escritório". Depois, deixe a sua mente ouvir essa informação e complementar com o que está faltando para transformar aquela insatisfação, aquele mal-estar em um problema solúvel.

Você pode dizer, por exemplo:
- "Eu detesto o transporte coletivo..."
- "O meu colega é pretensioso..."
- "O meu chefe me sobrecarrega de serviço..."
- "Eu não utilizo todas as minhas capacidades..."

Exteriorizar

Pensar não é o mesmo que *dizer*; essas duas palavras não funcionam da mesma forma. *Pensar* é interior (eu guardo para mim, interiorizo, deixo aquela ideia roer-me internamente), enquanto *dizer* vem do interior e vai para o exterior. Quando o pensamento é dito, ele é materializado pela voz, torna-se concreto e adquire sentido. E, finalmente, fica fora de nós.

Se quiser mudar a sua realidade, é preciso explicitar a sua intenção e expressá-la para que se torne uma promessa para você.

Exprimir a sua raiva para si mesma permite, em um primeiro momento, externá-la também para as pessoas do seu convívio, de maneira menos explosiva e mais racional. A raiva pode ser uma emoção muito construtiva se não a contivermos e se a expressarmos de maneira positiva.

Você pode, então, dizer:
- "Não quero mais deixar o escritório depois das 18h30."
- "Não quero mais dizer 'está na hora' aos meus filhos porque eles não sabem cumprir horários!"
- "Não quero mais passar o meu tempo recolhendo todas as coisas em casa."
- "Não quero mais esquecer o que aconteceu no meu dia em decorrência do meu cansaço."
- "Não quero mais ser quem controla o que deve ser feito."
- "Não quero mais aceitar todas as ordens do meu chefe."

Confiar em si mesma

Durante a implementação do nosso método "21 dias para deixar de carregar o mundo nas costas", verificamos que:

- Sentir-se sobrecarregada é também sentir-se nula, menos capacitada que as outras, não se sentir à altura. É ser invadida por um grande sentimento de solidão e de medo, que nos paralisa. Sentir-se carregando o mundo nas costas é, portanto, ter falta de confiança e de autoestima.
- Ser organizada não significa somente arrumar a sua mesa de trabalho e nunca atrasar a lavagem das roupas mas também ter serenidade, amar primeiramente a si mesma para amar os outros, ser orgulhosa das suas realizações e aproveitar plenamente a vida e cada instante.

Portanto, a autoconfiança é central no nosso método e, principalmente, em nossas vidas. A autoconfiança e a autoestima impactam todas as nossas decisões, as nossas ações, as nossas relações e até a nossa energia.

A autoconfiança é interdependente em relação ao controle que você exerce sobre o seu cotidiano, pois lhe permite assumir as suas escolhas, valorizar as suas decisões, aceitar e administrar os imprevistos e até mesmo continuar progredindo nos seus projetos.

Para nós, existem fatores que nos ajudam ou nos impedem de nos amarmos e de termos autoconfiança, que traduzimos da seguinte maneira:

- aquilo que nos impõem;
- aquilo que impomos a nós mesmas;
- aquilo que não podemos controlar;
- aquilo que queremos ser.

Conceituamos essa ideia sob a forma de um esquema (ver a seguir), que será apresentado neste livro no início de cada semana. Em rosa, serão destacados os fatores que serão mais trabalhados, para que você possa progredir e deixar de carregar o mundo nas costas.

1ª SEMANA

Treinamento de atleta

Objetivo: agir sobre o que impomos a nós mesmas como modelo de perfeição e apostar naquilo que dominamos e podemos controlar.

CAPÍTULO 1
Aliviando a pressão

A imagem que temos de nós mesmas influi sobre quem somos. Quando ela é negativa, nós nos fechamos nela e, às vezes, acabamos por reforçá-la ainda mais. A boa notícia é que também podemos tomar a decisão de controlar esses pensamentos negativos que criamos.

É por isso que estamos propondo a você, desde o início desta primeira semana, que aceite o desafio de mudar a sua autoimagem.

Um olhar diferente sobre si mesma

Esqueça que você está sobrecarregada, com pressa, etc. Pense um pouco nas suas aptidões profundas, em tudo o que você faz naturalmente sem se atribuir mérito, naquilo que você realiza facilmente sem se dar conta.

Pense nas situações que você domina, tanto em ambiente familiar quanto profissional, entre amigos ou atuando em uma associação. A que qualidades você recorre para ter êxito?

Reveja também o seu percurso (se necessário, lance mão do seu currículo), atendo-se aos seus sucessos e às suas vitórias, aos projetos que você viabilizou, às competências e às habilidades que você colocou em prática. Seja precisa e persistente, retome tudo sem subestimar-se.

Esse trabalho de memória permite recuperar a autoconfiança do passado que ficou esquecida e vai ajudá-la a mergulhar em um estado emocional positivo, fonte de criatividade para resolver os seus problemas do presente.

Isso vai ajudá-la também a concentrar-se nas suas aptidões profundas e a identificar os trunfos com os quais você pode contar.

Agora é com você!

Em um dia em que estiver particularmente disposta, comece a criar a sua própria lista de êxitos, usando o seu tempo para anotar:
- o contexto;
- o objetivo que devia ser atingido;
- as ações que você adotou;
- o resultado obtido.

Não se esqueça de alimentar essa lista que será preciosa nos seus próximos desafios. Ela vai lhe permitir, ao voltar a lê-la atentamente, chegar bem preparada a uma entrevista, autorizar-se a dar início a novos projetos, etc.

Cada sucesso obtido, mesmo que seja modesto, reforçará progressivamente a sua autoconfiança e lhe permitirá empreender projetos cada vez mais significativos.

"Quando me encarreguei da organização do meu casamento, ocupando um cargo muito absorvente, eu estava um pouco preocupada. Aquilo implicava:
- a coordenação de diferentes serviços (fotógrafo, florista, igreja, buffet, coral...);

- A ORGANIZAÇÃO DE OPÇÕES DE ENTRETENIMENTO PARTICULARES (PARA CRIANÇAS, ESPAÇO DEDICADO AO VÍDEO...);
- A ELABORAÇÃO DE UM CADERNO DE TENDÊNCIAS DA MODA DIAGRAMADO COM O SOFTWARE INDESIGN;
- A CONFECÇÃO DOS CONVITES;
- A ARRUMAÇÃO E A DECORAÇÃO DA SALA (ILUMINAÇÃO, MESAS, ACESSÓRIOS, ESCOLHA DAS CORES...).
APESAR DO MEDO DE FRACASSAR, CONSEGUI ADMINISTRAR O PROJETO RESPEITANDO O ORÇAMENTO INICIAL, COM IMPOSIÇÕES DE LUGAR E DE TEMPO MUITO PRECISAS. ESTAVA MUITO ORGULHOSA DE MIM!"

Ritual da Melhor Amiga

√ CHEGA DE PENSAR QUE SOU UMA NULIDADE.
√ EU ME COMPROMETO A REVER A MINHA HISTÓRIA, LEMBRANDO-ME DO QUE FOI BOM.
√ EU ME FELICITO POR TER SABIDO ESCOLHER PELO MENOS TRÊS DOS MEUS TRUNFOS COM OS QUAIS CONTAR.

Preste atenção em você

Raramente somos ternas e indulgentes conosco. Permanecemos mergulhadas em nossas preocupações e no cotidiano, sem nos conceder pausas ou momentos de prazer que nos revigorem ou mesmo sem pensar em inseri-los na nossa agenda ou na nossa lista de tarefas a fazer.

Ora, o cansaço é um poderoso adversário da autoconfiança.

Tente identificar, desde já, tudo o que lhe faz bem e a revigora: o telefonema do seu namorado ou de uma pessoa querida, a pausa para o almoço, o aperitivo com as colegas quarta-feira à noite, a leitura para os filhos à noite. Dê mais importância a esses momentos felizes para usufruí-los plenamente.

Não hesite em se autorizar interrupções regulares que lhe tragam novo ânimo, que lhe deem energia e bom humor: praticar esportes uma vez por semana; um jantar descontraído entre amigos, reservando um tempo realmente para estar ali com eles; de vez em quando um dia no campo com o seu amado; um passeio com seus filhos, etc. Pense em inserir tudo isso na sua agenda. Você sempre vai poder transferi-las se for necessário, mas, por escrito, elas poderão, pelo menos, funcionar como um lembrete!

Considere esses momentos como rituais que lhe permitam preservar intacta a sua energia, mesmo permanecendo disponível para os outros.

E, mais que tudo, não se prive de bons momentos com outras pessoas sob o pretexto de não ter tempo: muitas vezes, é quando deixamos tudo por fazer a fim de consagrar um tempo aos outros que, ao voltar para a casa, conseguimos melhor desempenho, porque os outros terão sido fontes de energia, porque o bem-estar em que você mergulhou, permitirá revigorar-se e encontrar uma nova inspiração.

Agora é com você!

Para não esquecer as nossas "pausas-refúgio", nós as transformamos em compromissos de honra:
- um dia por semana sem compromisso;
- um almoço com os colegas do escritório todas as primeiras terças-feiras do mês;
- uma noite por semana, ir para a cama às 21 horas (com bolsa de água quente, livros e bloco de notas);

- um fim de semana romântico uma vez por ano;
- um tempo para praticar ginástica por dia (mesmo que sejam cinco minutos);
- uma saída por ano com um só dos filhos por vez (um fim de semana para visitar um padrinho, uma madrinha em outras cidades ou outros estados...).

Invente você as suas "pausas-refúgio"!

Cuide de si

Dar atenção é também cuidar de si. Tenha uma vida saudável para preservar a saúde e a energia, consuma alimentos saudáveis e naturais tanto quanto possível, durma o suficiente e pratique uma atividade física regularmente. Tenha lazeres e paixões!

Mesmo que possa parecer antiquado, faça como nós, seja defensora dos preceitos mais tradicionais relacionados à sua saúde e a da sua família, e aplique-os o quanto antes possível!

Agora é com você!

Esta é uma coletânea de provérbios que parecem antiquados, mas funcionam:
- Toda hora de sono antes da meia-noite conta em dobro.
- Uma maçã por dia e não precisará de um médico tão cedo.
- Coma salada e mantenha-se saudável.
- Um copo de água quente com limão de manhã e tenha uma vida sã.
- Tome o café da manhã como um rei (uma rainha), almoce como um príncipe (uma princesa encantadora) e faça uma janta leve!

Agora, é só criar os seus!

Fique atenta ao seu ritmo cronobiológico. Os órgãos do seu corpo funcionam de acordo com um ritmo que é peculiar a cada um. Assim sendo, em 24 horas, todas as funções do organismo passam por altos e baixos que, certamente, você já identificou. Então, aceite sem culpa os seus momentos de baixa energia e identifique os momentos em que você se sente mais disposta para se dedicar a enormes pastas de documentos ou a casos urgentes.

"Eu sou mais 'da manhã' e, na medida do possível, organizo os meus dias seguindo um ritmo *decrescendo*: esporte pela manhã, compromissos, reuniões, compras e tudo o que requer muita energia. Depois, dedico a tarde às tarefas essenciais, à redação, à parte administrativa, aos telefonemas e aos e-mails.
E você? *Crescendo* ou *decrescendo* no seu próximo dia?"

Ritual da Melhor Amiga

✓ Vou deixar de pensar que é perda de tempo me dedicar àquilo de que gosto.
✓ Eu me comprometo a encontrar três máximas sobre saúde.
✓ Eu me felicito por tê-las anotado na minha agenda.

Afirme-se

Ser capaz de se afirmar diante dos outros é uma qualidade intrinsecamente ligada à autoconfiança. Afirmar-se não significa pisar sobre os outros, mas progredir sendo eficiente e economizando o seu tempo e a sua energia. Afirmar-se é, pois, ter autoconfiança e também ganhá-la.

Assim, a autoafirmação passa, evidentemente, por saber dizer não.

Saber dizer não é salutar, principalmente quando ele é dito com tato e diplomacia: para você, porque evita sobrecarregar a sua mochila; para o seu interlocutor, porque um não é mais claro do que um sim dito de má vontade.

Se, para você, é difícil dizer não, comece praticando a não responder de imediato, pedindo um tempo para pensar.

Depois, racionalize e objetive o pedido: quais são as vantagens e os inconvenientes para além do seu sentimento inicial?

Você pode, depois, explicar o seu não e deixar sempre uma porta aberta: sim, estamos dando a você um recurso suplementar, em um contexto diferente, etc.

Por exemplo, você é convidada por uma amiga para ir aproveitar uma venda promocional: "É uma excelente ideia, realmente vale a pena e eu te agradeço o convite, fico agradecida, mas tenho muitas coisas para adiantar e não posso aceitar hoje".

Outro exemplo: o seu chefe pede a sua colaboração para a pasta "melhora do desempenho". Vocês tinham trabalhado juntos no início do trimestre na definição dos seus objetivos. A sua resposta pode ser: "Obrigada por confiar a mim esse trabalho. Por outro lado, estou adiantando alguns dossiês de clientes que devem ser encerrados no final de março. Deverei deixar de cumprir os prazos em algum desses documentos? Seria possível adiar algum desses dossiês para um momento mais oportuno?".

Se essa estratégia não funcionar, você pode testar a seguinte técnica aprendida durante os nossos seminários: a técnica do macaco.

Pensemos no Sr. Dumoulin, por exemplo, que costuma depender demais dos outros. Procure imaginá-lo com um macaco no ombro quando ele está falando com você. Aquele macaco é a ação que ele espera passar mais ou menos explicitamente para você. O seu objetivo é que ele vá embora com o macaco porque você tem uma ideia precisa das suas prioridades e que ele, com toda certeza, não faz parte delas!

A visualização do macaco será "a água com açúcar que ajuda a engolir a pílula" (*Mary Poppins*, Marc Twain), em outras palavras, que ajudará a dizer não e a ficar concentrada nos seus próprios objetivos.

O que é difícil quando procuramos nos afirmar mais é lidar com o conflito que pode surgir disso. Para evitar que os decibéis invadam a sua sala ou a sua casa e arruínem a sua santa serenidade, você pode treinar a reformulação de atitude.

Reformular, você sabe o que é? Demanda escutar com atenção as considerações do seu interlocutor para compreendê-lo verdadeiramente. Assim, você tem certeza de não estar deformando o que ele diz e também permite que ele se sinta escutado e compreendido. Então, ele se sentirá confiante o bastante para se expressar mais.

Veja um exemplo de reformulação:
- "Estou quebrada neste instante!"
- "Você está se sentindo cansada?" (melhor que "Oh, e eu então!")
- "Sim, estou cansada porque..." (o que vai permitir à pessoa desabafar!)

Quando é o caso de reformular uma raiva ou um nervosismo, é um pouco mais técnico, pois se trata de exprimir não o que o outro disse, mas o que você acredita ser o sentimento dele.

Assim, você lhe permite que ele fale sobre a situação e ambos vão poder externar a emoção do estado de crise (discussão, raiva, recriminação), tomar distância, raciocinar e... acalmar-se.

Este é um exemplo de reformulação em que, em vez de entrar no detalhe da situação, você expressará a emoção do outro, mantendo um tom calmo e neutro: "Eu tenho a impressão de que você se zangou comigo", ou "Você está triste?", ou "Parece que você está triste", ou mais ainda: "Você está com muita raiva, quer que eu explique melhor por quê?".

Com uma atitude assim, é provável que você vá logo obter, da parte do outro, uma impressão mais nuançada e um tom que tenderá a se encaixar no seu modo de ser.

Quem se enraivece se torna portador de raiva. É por essa razão que é importante não revidar. É melhor raciocinar, procurar soluções, o que irá permitir tirar proveito do conflito e torná-lo rico de sentido. Apossar-se de um conflito é aprová-lo implicitamente. Ao ceder, age-se somente para fazer-se amar. E ao contra-atacar, você se torna portador do problema.

Lembre-se: não fuja dos conflitos, mas aceite-os, pois eles são inerentes às relações humanas, e mantenha a tranquilidade, pois uma atitude calma e ponderada sempre irá influenciar positivamente o seu círculo de colegas e amigos.

> **ALGUÉM CONTOU...**
>
> "UMA DAS MINHAS FILHAS ERA PARTICULARMENTE PROPENSA A CRISES DE BIRRA ANTES DE IR PARA A ESCOLA ('OS SAPATOS ESTÃO ME MACHUCANDO', 'O MEU LANCHE NÃO ESTÁ GOSTOSO', 'É MUITO LONGE PARA IR A PÉ', 'NÃO QUERO DAR A MÃO'...). O NERVOSISMO COMEÇAVA A APARECER, E NÃO FALHAVA: EU TINHA QUE ENFRENTAR OS SOLUÇOS NO PORTÃO DA ESCOLA, A MINHA FILHA PENDURADA NO MEU PESCOÇO... UM CIRCO TAMANHO! UM DIA, PELA MANHÃ, DECIDI MUNIR-ME DE PACIÊNCIA, AFASTAR-ME UM POUCO, SENTAR-ME COM ELA EM UM BANCO. SENTEI-A EM MEU COLO E COMECEI A LHE ACARICIAR OS CABELOS, ENQUANTO A SUA MÁGOA PERSISTIA. AO MESMO TEMPO, TENTEI REFORMULAR OS MEUS SENTIMENTOS: 'VOCÊ ESTÁ TRISTE? ESTÁ PREOCUPADA?', ETC. FIQUEI NISSO UNS BONS DEZ MINUTOS, MAS PERCEBI QUE, AOS POUCOS, ELA SE ACALMAVA E A CRISE IA PASSANDO. NESSE DIA, CHEGAMOS TARDE NA ESCOLA, E NÃO VOU DIZER QUE ELA ENTROU SORRINDO, MAS, A PARTIR DAÍ, SUAS BIRRAS SE ATENUARAM."

Para conseguir não ficar com raiva diante de uma situação que nos incomoda:
- √ Eu falo sem exagerar.
- √ Eu expresso aquilo que me incomoda por meio de um sentimento.
- √ Eu expresso a minha necessidade: ser escutada, ganhar tempo, etc.
- √ Formulo uma pergunta: "Você quer mesmo...?".
- √ Proponho outra opção: "Não poderíamos...?".

Ritual da Melhor Amiga

- √ Vou parar de ficar com raiva.
- √ Eu me comprometo a reformular as considerações do outro.
- √ Eu me felicito por ter sabido dizer não a alguém.

CAPÍTULO 2
Criando um espaço de conforto

Sabemos que, em certos momentos da vida, com durações mais ou menos longas, temos a impressão de estar no piloto automático. O que há de mais desagradável que se sentir levada pela corrente, sem ter forças para reduzir a velocidade ou acelerar? Então, o que fazer quando o cansaço é empírico ("Estou cansada de estar cansada")? Adote logo este velho princípio: "Salve-se a si mesma!".

Recarregue as suas energias

Tanto faz se você está em um avião ou em um navio, as instruções de segurança são formais: coloquem as máscaras de oxigênio e os coletes salva-vidas antes das crianças, a fim de poder socorrê-las depois.

Na vida, tudo funciona de forma similar. É necessário estar em forma para poder cuidar de nossos familiares. Na maioria das vezes, esquecemos que reclamar, procurar culpados ou encolerizar-se constantemente são comprovadamente causas de cansaço.

Para recuperar um pouco de energia, é importante guardar na mente diversos princípios fundamentais:
- Sempre é possível mudar.
- Um ambiente benevolente em casa é bem mais repousante do que um copo de vinho!
- Privilegiar sempre o sono é uma proteção essencial (a arrumação e os colegas poderão esperar...).
- Reservar alguns minutos para retirar-se do mundo (fechar-se no banheiro, na cozinha, no toalete do escritório, no carro) e respirar calmamente, buscando vibrações positivas nas imagens

mentais, são artifícios que permitem facilmente fazer uma pausa em plena metade do dia.

CHEGA DE CARREGAR O MUNDO NAS COSTAS!

No quadro a seguir, damos alguns exemplos de "momentos para si mesma" para recuperar a energia. Use sem culpa e sem moderação. Fique à vontade para criar os seus.

Um momento para você	Uma garantia de felicidade para os outros
Uma sesta domingo à tarde.	Energia para organizar um jantar festivo no final do domingo em família. Ideias mais claras na segunda-feira de manhã, no trabalho.
Uma massagem a cada seis semanas (antes das férias escolares).	Dores lombares evitadas (sem necessidade de licença de saúde ou de ficar deitada por muito tempo).
Uma sessão de shopping mensal.	Um traje apropriado traz segurança para viver plenamente seus vários papéis (mulher, mãe, amiga, trabalhadora).
Um almoço ou um jantar com muitas amigas duas vezes por mês.	Relaxar, rir de tudo e de nada, compartilhar experiências, trabalhos. Reabastecer-se de energia graças à energia do grupo.
Um almoço com uma irmã, uma amiga, uma prima ou uma alma bondosa.	Queixar-se e reabastecer-se de consolo. Tranquilizar-se porque raramente você é a única a ter dificuldades.
Um final de semana sozinha com os pais, na praia, no campo com amigos...	Reabastecer-se de forças. Deixar tempo livre para o pai e os filhos fortalecerem a cumplicidade entre eles.
Duas horas semanais de esporte.	Melhor qualidade de sono e imunidade reforçada. Um bem-estar interior que a torna mais tolerante e mais paciente. Como brinde, uma autoconfiança aumentada.

Poupe-se

Um dos princípios da aprendizagem motora aplicada ao esporte é a repetição. De fato, repetir um gesto por várias semanas torna-o mais preciso, mais rentável no plano energético e mais automático, requerendo, pois, menos concentração.

Assim sendo, temos tudo a ganhar ao repetir identicamente os nossos gestos rotineiros. Um gesto habitual traz paz e segurança, como um gesto familiar ao qual já não prestamos mais atenção, tal qual o hábito de acariciar uma mecha de cabelos.

Submeter-se a um ritual para realizar uma tarefa (um trabalho árduo, sejamos honestos!) permite que esse trabalho acabe por ser esquecido e se torne um "não acontecimento".

Para que você possa, a cada manhã, economizar tempo e energia, ordene os seus gestos cotidianos para torná-los mais econômicos.

Inspire-se no quadro que apresentamos a seguir, contando com a participação de outros membros da família, por exemplo.

Em casa		No trabalho	
Pela manhã	À noite	Pela manhã	À noite
1. Banho 2. Café da manhã 3. Preparar o café da manhã da família 4. Organizar as coisas dos filhos 5. Lavar as roupas	1. Verificar as tarefas e fazer os filhos mais velhos repetirem a lição 2. Preparar o jantar 3. Guardar as coisas da cozinha e arrumá-la 4. Ler uma história para os pequenos	1. Tomar um café 2. Dar bom dia às equipes 3. Ler e-mails 4. Dar início aos trabalhos	1. Solicitações do contador 2. Verificar e-mails pessoais 3. Consultar a intranet 4. Arrumar as pastas pessoais

Agora, tente hierarquizar as suas tarefas, organizando-as em sequência, desde a hora em que você acordar:

- Se eu deixar as minhas roupas à mão na véspera à noite, ganho sete minutos.

- Se eu tomar banho antes do café, ganho três minutos.
- Se deixar o café da manhã arrumado na véspera à noite, ganho cinco minutos.
- Se eu pegar um café às 10 horas quando a máquina está mais livre, ganho quinze minutos.
- Se eu ler os meus e-mails pessoais após a pausa do almoço, ganho meia hora.
- Etc.

Escreva outra lista com as suas tarefas, seguindo uma ordem precisa e lógica. O objetivo é otimizar o seu tempo, executando cada tarefa quase como um ato reflexo ou como um ritual, pois, ao se tornarem automáticas, elas serão menos cansativas física e intelectualmente.

Um gesto rotineiro é muito mais econômico em tempo e em energia. Ele permite concentrar-se em si, no que se está sentindo, na felicidade, e não nas tarefas a executar.

"Minha rotina da manhã é esta: levantar às 6h45. Espreguiçar-me na cama e levantar-me devagarinho. Olhar a previsão do tempo. Escolher as roupas. Abrir o guarda-louça. Esvaziar o lava-louça. Uma olhadela na lista dos 'inéditos da semana' na geladeira (ver p. 58). Tomar o café da manhã divagando, dar uma olhada na agenda e anotar as duas ou três coisas suplementares que farão do dia um sucesso. 7h10, tirar da cama os dois filhos mais velhos, beijá-los, agradecer pelo dia que está se iniciando. 7h25, acordar o caçula com um beijo antes do banho, que é o seu despertar de verdade. Vestir-me ao mesmo tempo que o caçula e, 7h45, fazer todos se sentarem à mesa para o café da manhã. Depois, verificar os meus encargos para o dia e também os das crianças (mochilas, sapatos e agasalho adequado). Saída para a escola entre 8h00 e 8h10."

Quando temos de enfrentar trabalhos monótonos e entediantes, uma outra dica eficaz para recuperar a energia é motivar-se com a música. Associá-la a um determinado tipo de atividade é muito eficaz e estimula rapidamente a concentração.

A música desperta a mente, dá uma energia incrível e permite que você não fique entediada ao repetir sempre uma mesma tarefa.

√ Os smartphones permitem escutar música até mesmo durante a sesta das crianças! Use apenas um dos fones para ouvir quando os seus filhos acordarem.

A música tem também o efeito de criar hábitos: depois de diversas vezes tendo de lidar com papeladas administrativas escutando uma determinada música, você se adaptará cada vez mais facilmente a essa tarefa ao ouvir a sua música consagrada.

Agora é com você!

Estes são alguns itens da nossa playlist preferida:
- Red Hot Chili Peppers ou The Pretenders para arrumar a casa.
- Peter von Poehl para a concentração.
- The Rodeo para a transição trabalho/casa.
- Shaka Ponk para os momentos de baixo-astral.
- Vanessa Paradis para passar roupa.
- Daft Punk para tarefas administrativas.

Programe você a sua!

✓ Chega de cuidar dos outros antes de mim.
✓ Eu me comprometo a otimizar os meus atos cotidianos.
✓ Eu me felicito por ter uma playlist motivadora.

Sonhe!

Preguiçar, mandriar, embromar, flanar, amodorrar, estender-se, descansar, vagabundear, madornar, vadiar... Por que são tão feias as palavras sinônimas de "fazer uma pausa"? Certamente porque, para as gerações que as criaram, preguiçar era um ato repreensível e deplorável.

Na sua infância, os seus pais valorizaram comportamentos como: fazer tudo lentamente, sonhar, meditar, contemplar? Dificilmente, já que provavelmente descansar era expor-se à ira e aos banimentos da família. E você, permite que os seus filhos sonhem ou se entediem?

Provavelmente não, pois isso não se inscreve na tendência atual de superestimulação das crianças.

É certo que a vida está cheia de tentações: passeios, cinema, exposições, shopping, jogos, informação ininterrupta, redes sociais, etc., e que, no escritório, o nível de exigência de desempenho e de qualidade de serviço vem só aumentando. Todas essas atividades não nos deixam muito tempo livre e, estranhamente, na nossa vida de maratonista do cotidiano, raramente inscrevemos uma atividade de "sonho".

Ainda assim, sonhar está ao alcance de todos e permite visualizar o melhor, o maravilhoso, imaginar o nosso dia do jeito que gostaríamos de vivê-lo.

Proporcionar-se momentos de sonho para visualizar seus projetos de vida daqui a cinco ou dez anos é também construir-se. Se você sempre sonhou ter uma casa, é possível – desde que as suas finanças permitam – que você realize esse sonho, talvez distanciando-se de uma cidade grande.

Os períodos de devaneio também são fontes de inspiração, todos os inventores e os criativos confirmam. Mas, como vivemos em uma sociedade de permanentes solicitações, em que a rapidez é constantemente valorizada, nós procuramos seguir o seu ritmo trepidante! Não estamos defendendo a lentidão, apenas sugerimos que, de vez em quando, você tenha momentos de pausa e de calma, que planeje espaços de tempo para si em sua agenda e que não se deixe apanhar pela pressa.

Agora é com você!

Use os seus sonhos para guiar o seu futuro, escrevendo uma carta para si mesma.

Imagine-se daqui a quatro anos, livre de tudo o lhe pesa hoje: situação profissional, trabalhos, crianças muitas vezes doentes, fadiga crônica, etc.

Pegue a caneta para escrever uma carta para quem você é hoje, explicando como fez para se sair bem e como a sua vida é fácil e amena agora. Este exercício é um verdadeiro intensificador de autoconfiança e um catalisador de alegrias.

PARA GANHAR ALGUNS INSTANTES DE DEVANEIO COTIDIANO

- ✓ Ao levar uma criança para dormir, aproveite o ensejo para respirar profundamente e ensiná-la a fazer como você. Convide-a para relaxar, sentindo o seu corpinho ficar cada vez mais pesado na cama. Use a imagem de uma nuvem para intensificar o relaxamento: "Imagine que você está em uma nuvem bem macia. Você está bem leve, flutuando no ar. Imagine que os seus pés estão se afundando na nuvem, depois as suas pernas, as mãos, etc.".
- ✓ No banheiro, para os cuidados de asseio e beleza, instale uma cadeira ou um banquinho para sentar-se e aproveite esse tempo para massagear-se por alguns minutos ou passar esmalte nas unhas dos pés, como se costuma fazer no verão. Nada mais repousante do que cuidar do corpo, pensar que é verão e sonhar com as próximas férias!
- ✓ Ao anoitecer, nos meios de transporte, escute música relaxante e se deixe levar. Evite as informações que geram ansiedade e que ficarão reservadas para o trajeto da manhã.

 Ritual da Melhor Amiga

✓ Chega de pensar que meus sonhos são irrealizáveis.
✓ Prometo escrever a minha carta "Quatro anos depois".
✓ Eu me felicito por relaxar durante alguns minutos.

Preserve-se e tome decisões

Decidir reservar um tempo para cuidar de si não é um ato que implica perda de tempo, pelo contrário, vai lhe permitir ganhá-lo, pois possibilita que reveja as suas prioridades.

Se você pensar bem, poderá sempre se organizar com o que tiver disponível e ser menos exigente, a fim de liberar um tempo para realizar tarefas agradáveis. Na verdade, é uma questão de prioridade:

- Vou à ginástica ou preparo a minha reunião de amanhã?
- Vou almoçar com a minha colega ou saio para comprar as sapatilhas de dança da minha filha?
- Preparo o jantar ou vou à piscina?
- Saio com as minhas amigas ou arrumo a casa com o meu marido?

No nosso dia a dia, escolher não é renunciar. É possível ir à ginástica às 18 horas e preparar a reunião na manhã seguinte usando, para isso, meia hora e não todo o tempo da noite após o jantar. É possível comprar as sapatilhas de dança na Internet, mesmo que possa demorar, e almoçar com a colega. Excepcionalmente, pode-se, uma noite, jantar um sanduíche de atum e preparar uma boa refeição equilibrada para o dia seguinte. Não hesite também em decidir entre as numerosas solicitações que você recebe:

- Você está esgotada, mas teme dizer à sua amiga que não irá ao aniversário do marido dela, improvisado na quarta-feira para ser na sexta-feira?
- Você não sabe se vai almoçar com amigos que estão a 40 quilômetros de distância, ou se dorme um pouco e toma o seu café da manhã sem se apressar?
- Você gostaria de ir à exposição Manet, mas é o último dia e está chovendo muito?
- Não imponha a si mesma aquilo que você não imporia à sua irmã!

A escolha amedronta tanto mais se você fizer parte das pessoas que integraram o dito "Decidir é renunciar". Na realidade, quando essa pequena frase vem lhe perturbar a mente, tente o contra-ataque: "Decidir é libertar o espírito, e eu sempre poderei reconsiderar a minha decisão".

DICAS

- ✓ Se tiver dificuldade em decidir-se, você poderá usar a técnica "Amélie Poulain" e deixar por conta do acaso.
- ✓ Pegue uma moeda e deixe a sorte decidir, jogando cara ou coroa. O importante não é o resultado, mas o que você sentiu quando a moeda caiu. Foi um alívio se o resultado coincidiu com o seu desejo, e uma decepção, em caso contrário.

Ritual da Melhor Amiga

✓ Chega de fazer demais ou de fazer bem demais.
✓ Comprometo-me a fazer concessões.
✓ Eu me felicito por ter sabido tomar uma decisão que era a minha.

CAPÍTULO 3
Cuidando do corpo e da mente

Mente sã, corpo são. Por que uma citação que data do século II ainda faz sentido hoje em dia na nossa sociedade? Certamente porque, de geração em geração, aqueles que cuidam do corpo sentem os bons resultados desse cuidado na vida, na mente e na saúde, e envelhecem melhor.

Descanse o corpo

Para que o seu corpo se torne o aliado da sua mente durante esses 21 dias cujo objetivo é você deixar de carregar o mundo nas suas costas, vamos propor duas técnicas de condicionamento muito úteis: a monodieta e a microssesta.

A monodieta

A monodieta é uma ferramenta preciosa e fácil de seguir que a ajudará a descondicionar, purificar o aparelho digestivo e dar energia suplementar. É principalmente uma etapa para marcar a vontade de mudar e entrar fisicamente nessa mudança!

Consiste, basicamente, em comer somente um alimento durante um dia inteiro ou durante uma refeição. Maçã cozida, batata, vagem, cenoura, uva, etc. Essa monodieta terá dois efeitos principais:

- descansar o seu interior;
- marcar uma ruptura com a sua vida sobrecarregada e estafante.

A mais comum é a monodieta de maçã, por razões práticas. É uma fruta que pode ser encontrada o ano todo, fácil de ser consumida e que possui muitas variedades, para satisfazer todos os paladares. Além disso, tem muitos atributos nutricionais e ação mata-fome.

A monodieta de uvas é a cura outonal por excelência. A uva age produzindo drenagem e ajudando a desintoxicação no organismo. A pele é um dos primeiros órgãos a receber o poder antioxidante da uva.

A monodieta de arroz (integral ou semi-integral) é um pouco mais energética, principalmente para as principiantes e as friorentas!

A monodieta de cenouras é interessante para o trato gastrointestinal; é laxativa e cicatrizante e a sua riqueza em betacaroteno lhe dará uma pele bonita.

- ✓ Organize um dia de monodieta, em um sábado ou em um domingo, pois assim não terá muitas atividades físicas ou intelectuais a desempenhar.
- ✓ No caso de consumir um único alimento, escolha-o bem e opte pelos orgânicos ou compre os alimentos de um agricultor ou em um hortifrúti perto de onde você mora.

A microssesta

A microssesta também faz parte das técnicas que consideramos mais eficazes para recobrar a energia no cotidiano. Como estamos constantemente sobrecarregadas, o prefixo "micro" nos atrai, pois remete à rapidez.

A microssesta permite recobrar a concentração e ganhar nova energia quando necessário, o que deve transformá-la em um novo hábito a ser imperativamente inserido no seu cotidiano.

Caracteriza-se por sua brevíssima duração, inferior a dez minutos, e permite relaxar, mesmo permanecendo sensível aos estímulos externos. Durante esse período, a respiração e o ritmo cardíaco desaceleram e os músculos se relaxam, permitindo uma verdadeira descontração do corpo e da mente.

Apesar de termos uma carga de trabalho importante, a microssesta nos faz permanecer eficientes. Ela é habitualmente praticada pelos esportistas, pelos altos dirigentes e, de maneira geral, pelos profissionais de trabalhos mais expostos ao estresse e à falta de sono. Na China, é um direito inscrito na constituição; no Japão, é imposta em algumas empresas; nos Estados Unidos, o conceito de *power nap*, em outras palavras, a sesta revigorante, é um verdadeiro sucesso. Algumas empresas também se lançaram à experiência, a exemplo da Google, que dedica espaços especialmente organizados para essa prática.

✓ Se você está convencida, como nós estávamos no início, de que não vai conseguir, talvez você sinta que, no fundo, é possível, apesar de tudo. Então, não deixe de tentar! Treine a cada dia, pois, quanto mais praticamos, mais depressa conseguimos chegar àquele estado de sono leve.

Agora é com você!

Localize o momento do dia em que você está com baixo rendimento. Para começar, deite-se de costas, na sombra e em um ambiente calmo. Preste atenção à sua respiração para diminuir a frequência cardíaca, relaxe os músculos, o que, por reflexo, induzirá o sono. Programe o seu despertador para dez minutos depois. Não tem muita importância se você não conseguiu dormir. O primeiro passo está dado.

Se você não adormecer, aproveite esse tempo para visualizar lembranças felizes, sucessos ou projetos.

Esse exercício vai lhe permitir energizar o seu mental, aumentar a sua autoestima e, principalmente, abolir o cansaço físico e psicológico.

Depois de repetir esse exercício diversos dias seguidos, você poderá acrescentar um pouco de dificuldade e testar a microssesta ficando sentada, com música ou mesmo em um lugar calmo ou nos transportes coletivos. Em longo prazo, você vai conseguir atingir esse estado de relaxação no momento em que quiser, e em qualquer posição.

E no trabalho? É possível exercer a microssesta, encontrando um lugar calmo e lá permanecendo por dez minutos. Você pode também tentar convencer as suas colegas e, assim, contribuir para um ambiente sereno para a sua equipe.

Se o ambiente no trabalho não tiver condições para tal, ponha os cotovelos sobre a sua mesa e o queixo entre as mãos, ficando atenta à sua respiração e à diminuição da frequência do ritmo cardíaco. Vai funcionar bem também!

Bruno Comby, especialista em saúde preventiva e autor do *bestseller Éloge de la sieste*, descreve este pequeno exercício no seu livro:

> Fechar os olhos, inspirar lenta e profundamente algumas vezes, pôr as mãos sobre as pálpebras fechadas e alongar-se, já traz um ganho de energia. As pessoas bem treinadas chegam até a entrar em um estado de relaxamento, mesmo de olhos abertos. A prática da microssesta é uma força, sinal de um melhor domínio de si mesma.

Dê energia ao corpo

> SOMOS AQUILO QUE FAZEMOS REPETIDAMENTE. ENTÃO, A EXCELÊNCIA NÃO É UM ATO, MAS UM HÁBITO.
>
> **Aristóteles**

Provavelmente, você conhece a expressão "está carregando um peso nos ombros". Essa expressão é uma das mais usadas entre as pessoas estressadas e sobrecarregadas.

Concretamente, ela tem duplo sentido: significa que nos sentimos esgotadas e cansadas e que temos dor nos ombros! De fato, o corpo e a mente estão intrinsecamente ligados. Quando a mente se cansa, o corpo arrefece, e quando o corpo se cansa, a mente corre perigo.

Passe alguns minutos por dia dedicando-se ao seu corpo, o que lhe permitirá esquecer as suas preocupações mas também, principalmente:
- reduzir os riscos de dores físicas (articulares, musculares, etc.);
- gerar um novo ganho de energia;
- reforçar a sua autoestima.

A cada manhã ou a cada noite, acrescente um ritual corporal com alguns movimentos e respirações, porque o movimento é vida. Ah, sim! O nosso corpo é feito para o movimento: é por isso que os nossos ossos são articulados e os nossos músculos se contraem também para produzir o movimento.

A respiração também é vida, sem ela não viveríamos. Respirar profundamente produz uma sensação instantânea de bem-estar, oxigena os músculos e o cérebro.

Nas ilustrações a seguir, apresentamos exemplos de rituais corporais que vão lhe permitir colocar-se em movimento pela manhã com ciência e consciência, e não maltratar o corpo como se fosse uma simples máquina que não reclamasse! Esses rituais podem servir como base para você criar o seu, mais pessoal e mais adaptado aos seus próprios hábitos e às suas necessidades físicas.

CHEGA DE CARREGAR O MUNDO NAS COSTAS!

Comece a sua sessão: alongue-se, cresça, respire profundamente.

Mantenha-se nesta posição durante 5 a 10 respirações. Relaxe a cabeça. Sinta alongar desde o calcanhar até os ombros. Estenda os braços.

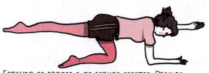

Estenda os braços e as pernas opostos. Procure estabilizar-se com os abdominais. Repita o movimento de 5 a 10 vezes. Coloque o cotovelo sob o ombro e o joelho sob o quadril.

Com as mãos, exerça pressão nas coxas, sem mover as pernas. Sinta a contração dos abdominais. Repita de 5 a 10 respirações

Erga os quadris sem arquear. Mantenha as omoplatas no chão e pressione o calcanhar no chão para sentir a contração atrás das coxas e nos glúteos.

Mova o joelho na direção do ombro oposto. Sinta o alongamento do glúteo. Comprima o umbigo para dentro e sinta a distensão da parte inferior das costas.

RITUAL DA MELHOR AMIGA

√ Chega de maltratar o meu corpo.
√ Comprometo-me a planejar um dia de monodieta.
√ Felicito-me por treinar para a microssesta.

Reserve um tempo para se cuidar

Embelezar-se e reservar um tempo para se arrumar são atividades que não estão no rol das prioridades de uma mulher muito atarefada. O simples fato de pensar no que irá usar muitas vezes parece uma provação porque, quase sempre, uma mulher sobrecarregada é também uma pessoa a quem falta autoconfiança.

Da mesma forma que você estabeleceu o seu ritual da manhã (ver p. 15), imponha para si mesma um ritual de beleza ao levantar-se e vista-se de acordo com o seu humor. Cuidar-se é aumentar a própria autoestima e, mais que tudo, sentir-se:

- com mais vigor;
- mais alegre;
- mais orgulhosa;
- mais segura de si;
- mais bela.

O hábito não faz o monge... mas contribui para isso!

É um erro enorme achar que não vale a pena cuidar de si porque você é mãe de família ou está cansada.

Assim como ocorre com um traje de apresentadora de televisão, a sua roupa deve ajudá-la a amar-se a cada dia e a sentir-se bem no papel que representa. O que você veste é o reflexo do seu estilo e também do seu humor. Já reparou que, em períodos de melancolia, você é instintivamente atraída pelo preto e que é sempre nesses mesmos períodos que as observações infelizes de seus vizinhos e de seus amigos a atingem mais? Certamente você já notou que as cores reservadas para os dias de verão a deixam alegre. Então, tome a dianteira e use essas cores o ano todo para proporcionar energia e bom humor a si mesma!

Você sabia que, em cromoterapia (terapia pelas cores), atribuem-se às cores propriedades curativas diferentes? Este é um pequeno resumo que poderá ajudá-la a adaptar melhor a sua roupa ao seu humor do dia:

- vermelho, laranja, amarelo: virtudes tonificantes, energizantes;
- verde e turquesa: virtudes equilibrantes;
- azul: virtudes calmantes, sedativas;
- violeta, rosa: virtudes cicatrizantes, protetoras.

Então, continue a pensar em si mesma com benevolência. Considere reabilitar a sua condição de quando era menos atarefada e conserve a reminiscência da sua vida em uma etapa anterior. É um modo muito simples de não se deixar fechar em um papel, esquecendo-se de si mesma.

Enxergue-se mais desta forma: "Esta mulher vai animar uma reunião como uma profissional", e não assim: "Esta mulher, mãe de três filhos, um dos quais é lactente, que amorosamente deixa babas e restos de leite na sua roupa, vai tentar permanecer concentrada o dia todo!".

PARA AJUDAR A SE CUIDAR

Tenha, no trabalho, alguns itens que podem ser usados para levantar o visual:

- ✓ Um batom.
- ✓ Um esmalte neutro ou incolor.
- ✓ Uma lixa para unhas.
- ✓ Um miniblush.
- ✓ Uma escova e um lápis para sobrancelhas.
- ✓ Um corretor para olheiras (mágico!).
- ✓ Fio dental.
- ✓ Uma camisa ou um pulôver para troca (principalmente se você ainda tiver bebês e correr o risco de chegar de manhã com marcas de "babinhas").

Em casa, tenha sempre no seu guarda-roupas:

- ✓ Uma blusa nova (sim, novinha e com a etiqueta) para os momentos do "Não tenho mais nada para vestir" (para que você não esvazie todo o armário lamentando-se).

Evite especialmente:

- ✓ As roupas descoradas ou puídas.
- ✓ As unhas roídas.
- ✓ As roupas usadas durante a gravidez que possam estar muito largas.
- ✓ Sair com os velhos moletons de dormir ou treinar em casa.
- ✓ Roupas que limitem sua mobilidade quando tiver de abaixar-se na creche ou na escola para beijar os seus filhos.
- ✓ Salto alto, quando tiver de carregar os filhos ou locomover-se a pé.
- ✓ Roupas desconfortáveis.
- ✓ As cores que não favorecem você.
- ✓ Escolha um penteado fácil, pelo menos enquanto os filhos estiverem com pouca idade – evite os penteados com escova.

"No verão, logo após a minha primeira gravidez, decidi fazer algumas aulas de tênis, mas me sentia complexada demais para mostrar as pernas. Então, usava calça, apesar das temperaturas que, às vezes, estavam acima dos 30 °C. No início das férias, o número de máquinas de lavar não dava conta da procura, por isso desisti das calças longas. Resignei-me a voltar às minhas saias de tênis. Observava que, depois disso, meu jogo ia ficando mais fluido, mais preciso. Na medida em que me sentia na pele de uma tenista, com mais energia eu jogava, livre da calça, dos meus complexos e do mau humor!"

Ritual da Melhor Amiga

√ Chega de pensar que não pareço com nada.
√ Comprometo-me a preparar três roupas com poucas ou muitas cores e a cuidar de mim.
√ Eu me felicito por procurar ter estilo.

Recicle a mente

Como você prepara a sua mente, tendo como modelo um atleta? Esse é o nosso desafio agora. O mental está para o atleta assim como o tempero está para a culinária. Ele aperfeiçoa o resultado, prolonga o sabor e sublima a vitória.

A mente do atleta tem sido alvo de muita atenção há cerca de vinte anos, embora os primeiros estudos sobre a psicologia dos atletas remontem ao final do século XIX. Atualmente, mesmo que alguns treinadores utilizem técnicas de preparação mental para animar seminários de empresas sobre a gestão do estresse, é raro que o conhecimento dessas técnicas saia do âmbito do esporte. Aliás, para pessoas comuns, o aspecto mental ainda é vinculado ao "moral".[1]

Enquanto a mente do atleta é forte ou fraca – e permite uma gradação de nuances –, o moral é bom ou mau – noção de julgamento –, e nós não apreciamos esse preconceito léxico! É por isso que preferimos abordar o mental no dia a dia e não o seu moral (muitas vezes "no chinelo" quando estamos sobrecarregadas...).

O quadro a seguir faz um paralelo entre as técnicas de preparação mental dos atletas e o seu cotidiano, tal como você pode administrá-lo, sem ter de ficar subordinado a ele. Você descobrirá como a sua mente pode te dar suporte e nutrir-se de suas reservas para fazê-la atingir o seu objetivo, pois nela está a origem das suas vontades e da sua energia para realizar todas as suas atividades cotidianas, liberando você de qualquer culpa por cuidar de si mesma.

O seu aspecto mental é trabalhado em cada uma das etapas desta primeira semana (o ritual esportivo, o ritual de se cuidar, a monodieta, o sonho, etc.). É muito importante não esquecer que o seu mental se amplifica a cada vitória. Essas vitórias nos alimentam com um sentimento suave e ao mesmo tempo explosivo, que invade o nosso corpo e nos turva os olhos quando a emoção é forte. É um momento que se inscreve na nossa memória, constrói a base do nosso mental e se torna lembrança, que vai nos permitir ver que somos mais fortes do que pensamos e que somos capazes de realizações incríveis.

---

[1] Neste caso, a palavra *moral* deve ser entendida como *estado de espírito, ânimo*. [N. do E.]

Para que me serve o mental?	Atleta	Pessoa comum
A cada treino = a cada dia. Para realizar as minhas atividades cotidianas sem me cansar mais que o necessário.	Superar-se	Superar-se
	Estar em conexão com o seu corpo	Estar na escuta do seu corpo (suas pequenas e grandes dores)
	Evitar os ferimentos	Proteger o seu sistema imunológico
	Aceitar e superar os seus temores	Lutar contra os seus demônios (complexos, imposições sociais...)
	Permanecer em comunicação com o treinador e a equipe	Manter comunicação suficiente em casa e no trabalho
Nas competições = em situação de crise ou de estresse. Para reagir e avançar para além dos obstáculos.	Livrar-se da pressão	Manter o sangue frio
	Permanecer concentrada	Não perder de vista o essencial
	Dar tudo de si	Não desistir
	Acreditar em si a cada segundo	Acreditar em si a cada segundo
	Ignorar os seus fracassos	Ignorar os seus fracassos
	Superar as suas crenças e os seus *a priori*	Superar as suas crenças e os seus *a priori*
Nos momentos de repouso = no domingo. Para recuperar e armazenar energia.	Relaxar para se recuperar ao máximo	Relaxar para aproveitar o tempo com a família
	Livrar-se das pressões externas	Livrar-se das pressões externas (a mulher das revistas, as colegas sem filhos, a vizinha sempre bem penteada...)
	Centrar-se no essencial	Centrar-se no essencial

"Confesso que sou enormemente ávida por vitórias, desde muito jovem. Quando tinha 8 anos, em cada esporte que eu praticava, participava de competições. Hoje, aos 40 anos, não sei dizer o que me fez ganhar mais, se foi o meu físico ou o mental. Mas, considerando o número de ferimentos físicos, diria que foi mais o meu mental que me ajudou muito. Gosto do desafio, e, na minha casa, tudo é competição. O problema é que, antes da chegada dos filhos, era menos fácil bancar a durona.

Com marido, um filho, depois gêmeas, casa maior, maior rede de amigos, cada vez mais probleminhas cotidianos, tive de reduzir as minhas exigências (exigência de ser supertreinada, exigência de sair com amigos, exigência de manter bem uma casa, exigência de 'calma e volúpia'...). Portanto, reduzi também o número das minhas vitórias, daqueles momentos que me davam satisfação e me tornavam ainda mais forte.

Para mim, foi um duro golpe ter de dar conta de tantas ações do cotidiano sem receber medalhas nem recompensas.

Mas, neste período em que decidi deixar de carregar o mundo nas costas, decidi também me outorgar as minhas próprias medalhas (sessões de massagem ou dormir até tarde, restaurante com as minhas amigas, etc.). Porque eu acho que quando se consegue arrumar o café da manhã, dar conta do trabalho, fazer o jantar, fazer os deveres, cantar e dançar com as crianças, falar com pelo menos uma amiga, responder a pelo menos vinte e-mails... Merecemos muito a nossa medalha e até aplausos e confetes.

E, por que não, um artigo em um famoso jornal?"

Ritual da Melhor Amiga

√ Chega de pensar que não estou à altura (da minha vizinha).
√ Eu me comprometo a redigir detalhadamente três dos meus sucessos do passado.
√ Eu me felicito por repetir os meus sucessos cotidianos sorrindo para o espelho.

Vigie a mente

> Amigo, não sejas perfeccionista, pois o perfeccionismo é uma maldição que te esgotará.

Fritz Perls, psiquiatra e psicoterapeuta, fundador da terapia Gestalt

Para não cair naquilo que os médicos e terapeutas denominam "cansaço mental" – para não dizer depressão –, estudamos os sinais de cansaço que precedem a falta de ânimo e que soam como sinais de alarme.

Tais sinais de cansaço mental, você os conhece, mas raramente os relaciona ao seu estado de fadiga geral.

Um cansaço mental se manifesta por uma grande insatisfação, que acarreta na falta de estimulação de emoções positivas (alegria, reconhecimento, felicidade gratidão, etc.).

A fim de que você possa reagir aos primeiros sinais de cansaço mental, apresentamos, no quadro a seguir, uma lista relacionada ao módulo de avaliação do cansaço mental dos atletas.

Sinais de cansaço de um atleta	Sinais de cansaço de uma pessoa sobrecarregada
Tédio e monotonia nos treinamentos	Tédio e monotonia no trabalho ou em casa
Perda de vontade de treinar	Perda de vontade de ver amigos, de realizar projetos
Baixa no desejo de competição	Baixa no desejo de agradar, de seduzir e, muitas vezes, no desejo sexual
Impressão de estar caminhando para o fracasso	Sentimento de fracasso, de incapacidade, de não estar à altura
Rejeição da atividade esportiva e do seu ambiente	Rejeição da sua organização familiar, da vida vista como monótona
Impressão de cansaço físico quase permanente	Impressão de cansaço físico quase permanente
Quedas de atenção	Quedas de atenção, momentos de solidão
Ansiedade recorrente	Ansiedade recorrente
Mau humor frequente e inabitual	Mau humor frequente e inabitual
Rigidez, julgamentos decididos	Rigidez, julgamentos decididos
Dores musculares ou tendinosas frequentes	Dores nas costas, dores de barriga, enxaquecas
Doenças infecciosas repetidamente	Resfriados, rinites, doenças gástricas repetidamente

O cansaço provém daquilo que nos impomos. Identificar e agir desde os primeiros sinais de cansaço mental é se preservar e, principalmente, evitar o colapso, aquele estado que Herbert J. Freudenberger, primeiro psicólogo e psicoterapeuta a estudar a síndrome de esgotamento profissional, denominou *burnout*: "esgotamento, queimadura interna, sobrevém quando o indivíduo se choca em uma parede. Quando se dá conta de que a tarefa a que ele tinha se determinado é impossível de cumprir".

Então, é o caso de reduzir aquilo que você se impõe no cotidiano (tarefas domésticas, administrativas, familiares, etc.), bem como as suas exigências de perfeição (sucesso na vida social, boa condução da sua carreira profissional, etc.) para reduzir também o seu nível de cansaço.

Não diga mais a si mesma:
- "É normal fazer várias coisas ao mesmo tempo."
- "Amanhã, vou fazer mais ainda!"
- "Sou forte, tudo vai dar certo."
- "Não preciso de muito sono."
- "Dormirei mais quando for velha."

Há que saber que o cansaço mental no trabalho atinge tanto os homens quanto as mulheres. O *burnout* não segrega! Ele diz respeito a todos os trabalhadores, qualquer que seja o setor de atividade ou o lugar na hierarquia. Segundo a Organização Mundial da Saúde (OMS), ele se caracteriza por "um sentimento de cansaço intenso, de perda de controle e de incapacidade para chegar a resultados concretos no trabalho".

Ele representa a primeira causa de ausência prolongada e equivale a 40% das pensões atuais por invalidez (podendo chegar até 60% em alguns setores profissionais) contra 18% em 1990.

Estará o *burnout* no centro do próximo plano de saúde pública?

 Ritual da Melhor Amiga

✓ Chega de pensar que o cansaço não é grave.
✓ Eu me felicito por levar a sério os meus sinais de cansaço.
✓ Comprometo-me a descansar e falar com o meu médico.

Avaliação da semana

Esta semana, lembrar-me de me preparar como uma atleta, e também:

- de agir sobre o que eu me imponho para ser perfeita;
- de dirigir um olhar diferente para mim e afirmar mais os meus desejos;
- de criar uma bolha de conforto na qual eu possa pensar em mim;
- de apostar naquilo que domino para ganhar confiança;
- de cuidar do meu corpo, adicionando a ele energia;
- de cuidar da minha mente, criando para mim uma preparação mental de atleta.

2ª SEMANA

Aliviando-se da sobrecarga

Objetivo: agir sobre o que o nosso entorno nos impõe e apostar naquilo que podemos controlar.

CHEGA DE CARREGAR O MUNDO NAS COSTAS!

CAPÍTULO 4
Interagindo com os mais próximos

Sempre que pensamos que o problema vem de fora, exatamente aí que reside o problema. Em vez disso, tentemos aceitar com sabedoria os acontecimentos que não dependem de nós, evitando passar o tempo nos queixando, aproveitando para realizar o que desejamos e para agir no que está ao nosso alcance, naquilo que controlamos. E, em meio àquilo que está ao nosso alcance, existem os outros, a nossa família, os nossos amigos.

Você sabia que é possível receber dos outros a energia para facilitar a nossa vida, tornando-a mais alegre e ganhando serenidade? É o que vamos demonstrar agora.

Valorize a família

O seu marido e os seus filhos formam a mesma equipe que você. Mas, submetidas às imposições da vida cotidiana, não temos muito tempo para observar todos os dias os membros da nossa família como fazemos com um recém-nascido ou um novo amigo. Nós os vemos como um todo, um conjunto, enquanto, a cada dia, eles evoluem e se alimentam com as suas próprias experiências.

Chega até a acontecer que os vejamos unicamente como obstáculos:
- obstáculo para atingir os objetivos profissionais (empecilho para ser promovida, transferida, etc.);
- obstáculo ao repouso dominical;
- obstáculo a uma casa bem-arrumada;
- obstáculo à aula de ginástica;
- etc.

Comece, então, por deixar de pensar que os membros da sua família estão contra você. Eles a amam, isso é uma certeza, e têm vontade de ajudá-la, mas não sabem como fazer isso.

Ajude-os a ajudar você, mostre-lhes como fazê-lo. Mas, principalmente, quando você tiver atribuído tarefas a eles, não tente controlá-los e contenha as críticas. Os métodos deles são diferentes dos seus.

Tire da cabeça a ideia de que você faz tudo melhor que os outros e que o seu domínio a torna mais forte e indispensável em casa. Afinal, eles não a amam apenas pelo seu talento em dobrar as meias sem deformá-las!

Depois, fique observando calmamente a sua família, desligando-se de todos os seus *a priori*: Pierre é desajeitado, Rosane vive no mundo da lua, Juju não sabe cozinhar, Oscar é negligente, etc.

Descubra, na sequência, o talento de cada um deles. Cada um tem a sua personalidade, um dom, uma habilidade que se adequa mais a uma tarefa doméstica: Pierre pode ajudar Mathilde a fazer os deveres no fim de semana, meu marido pode assistir a vídeos na Internet para aprender a cozinhar pratos diversos a fim de variar os jantares, etc.

Enfim, motive-os com recompensas: Arthur pode assistir a um desenho animado enquanto dobra a roupa lavada. Você pode também comprometer-se a levar todos ao parque ou ao cinema (de acordo com a idade dos filhos) se, no fim de semana, eles prepararem o café da manhã e tirarem a mesa ou se arrumarem o quarto.

Acompanhe a sua família para que cada um aprenda de acordo com as suas capacidades e reduza as exigências em relação a eles. Oriente-os para que se saiam bem em suas novas missões.

Considere o tempo despendido para formá-los como um investimento, mais ou menos como se você estivesse formando estagiários. Use da benevolência como se fossem jovens estagiários cheios de boa vontade.

RITUAL DA MELHOR AMIGA

✓ CHEGA DE PENSAR QUE OS OUTROS ESTÃO CONTRA MIM.
✓ COMPROMETO-ME A DESCOBRIR O TALENTO DOS MEMBROS DA MINHA FAMÍLIA.
✓ EU ME FELICITO POR TER INVESTIDO TEMPO PARA FORMAR OS MEUS FILHOS.

Crie uma identidade familiar

> UM GRUPO ESPORTISTA DE SUCESSO É AQUELE NO QUAL OS MEMBROS SUBORDINAM A INTERDEPENDÊNCIA DAS SUAS CONDUTAS AO PROJETO E AOS OBJETIVOS (ESPORTIVOS) DO GRUPO.
>
> **_Intervenir dans les groupes sportifs_,**
> **Colóquio INSEP, J.P. Rey**

Como em qualquer outra equipe, a família precisa ter coesão e o sentimento de pertencimento a um grupo, a fim de se engajarem em uma realização comum e levarem avante orgulhosamente os projetos familiares.

Ainda pequeninos, os filhos têm consciência de pertencerem a uma família, reduzida aos que vivem na mesma casa: pai, mãe, irmãos e irmãs, por exemplo. Ao crescerem, adquirem consciência de que a família é maior: avós, tios e tias, padrinho e madrinha, etc. E, por fim, adolescentes, passam a compreender os seus mecanismos: casamentos, divórcios, disputas, segredos... Nesse período, tornam-se conscientes de pertencerem a uma família, notam as diferenças entre cada parte dela e, às vezes, você os ouvirá defendê-la perante os avós ou alguns tios.

Existem três etapas de construção de uma família como equipe:

Primeira etapa: a identificação à família se faz da primeira infância ao início da adolescência. Nesse período, cada um compreende que pode se inscreve0r na família como grupo. É quando os sinais de aliança são importantes (slogan, mascote, ritual, receita de família, dia de festa...). Representa também o que se vive no início da formação de um casal.

Segunda etapa: os indivíduos se sentem fortes o bastante para existirem como indivíduos e brilharem dentro do grupo. É o período da adolescência. Não hesite em valorizar cada um, mantendo-os implicados na equipe e nomeando-os responsáveis por algo. Uma irmã ou um irmão mais velho pode ajudar os menores a se vestirem e tomar conta do seu armário nas mudanças de tamanho e de estação (assim, torna-se responsável pelo novo visual dos irmãos e das irmãs!).

Atenção, se a fase de individualidade for muito intensa, ela pode se tornar um obstáculo à coesão da família.

Terceira etapa: a noção de equipe vai se apagando porque cada um tem a sua própria individualidade. Os filhos são jovens adultos. Continuam a transmitir os valores compartilhados pelo grupo para compartilhá-los com outros e criando o seu próprio grupo.

"UM DIA, O MEU PAI DISSE À MINHA FILHA, NA ÉPOCA COM OITO ANOS: 'NÃO É VERDADE! OS TEUS PAIS ESTÃO SEMPRE ATRASADOS. PODE-SE DIZER QUE FAZEM DE PROPÓSITO!'. A MINHA FILHA RESPONDEU: 'NÃO É VERDADE MESMO, VOVÔ, E DEPOIS, ELES TRABALHAM MUITO E ATÉ CANCELARAM UM JANTAR COM AMIGOS PARA VIR, ISSO É PROVA DE QUE ELES QUEREM VIR!'."

Na preparação mental, a coesão de equipe é o ponto central do treinamento, pois aumenta o sentimento de pertencimento. Essa associação coesão/pertencimento age como um fio condutor.

Para reforçar a coesão de equipe e o sentimento de pertencimento, testamos algumas técnicas que criam vínculo na família e apresentamos algumas delas. Escolha a sua – em família, é claro –, em uma noite festiva.

A noção de grupo e a criatividade que vão emanar dessa noite unirão ainda mais a sua família.

Com certeza, você vai ficar surpresa ao ver o quanto essa troca vai despertar o sentimento de pertencimento de uns e de outros, tanto dos adultos como dos pequenos, e que dela pode emanar uma energia positiva nunca antes observada, como se fosse uma equipe de rugby dançando o haka.[1] Aproveite!

O slogan

O slogan é uma frase que deve parecer com vocês e que os define em poucas palavras. Pode ser uma frase simples, como:
- "Família Brandão: todos em união";
- "Família Nascimento: companheiros a todo momento";
- ou "Família Oliveira: esta é a nossa maneira".

Pode ser também – por que não? – uma frase ou um provérbio de sua preferência:
- "Dar asas e raízes aos filhos";
- "Um filho é um dos mais belos presentes".

Uma vez encontrado, o slogan deverá ser dito em voz alta por cada um dos membros da família (juntos ou cada um por vez). Não contenha os que tiverem vontade de gritá-lo, eles estão expressando assim a sua adesão ao slogan. Pouco importa que ele seja ridículo, engraçado, pertinente, etc., contanto que todos o assumam e o reivindiquem.

---

[1] Dança típica do povo Maori. [N. do E.]

A mascote

É designada por uma imagem reconfortante, que pode ser uma foto de família que se parece com a sua. Pouco importa que seja engraçada, espontânea, posada, contanto que você ria ou sorria. Você pode preferir também um desenho. Se houver um artista em casa, peça a ele para desenhar algo que remeta à família (casa, personagem, animal da família, sol, etc.).

Dê liberdade à sua imaginação.

Essas representações visuais darão a você novas forças quando sentir que a família está passando por dificuldades. Além disso, mostrar uma imagem reconfortante a uma criança com raiva ou triste pode acalmá-la imediatamente.

> "Em certas manhãs, a separação é difícil. A saída para a creche ou para a escola é feita nitidamente a contragosto. Então, valho-me do meu curinga, uma foto de férias, e digo: 'Veja como as férias foram boas, estávamos todos juntos. Logo vamos ter férias de novo e, para que o tempo passe depressa, você precisa ir para a creche'.
> Com os filhos maiores, e em nossa casa, o argumento trabalho = dinheiro = férias é infalível. Apoiar esse argumento com uma foto é muito eficaz. Motivação e confiança garantidas na família!"

Uma música

Transforme-se em DJ para animar uma noite em família e eleja a sua melhor música do mundo!

Se a canção for do seu país, tanto melhor, vocês poderão cantá-la no carro, na rua, unindo os membros da sua equipe em torno de algumas notas musicais como se fosse um hino nacional.

ALGUÉM CONTOU...

"USO SEMPRE UMA CANÇÃO (MESMO QUE EU CANTE COMO UMA TAQUARA RACHADA) PARA AFASTAR CHORADEIRAS, RAIVAS, RESMUNGOS, UM BAIXO-ASTRAL... NO RITMO DE ALGUMA CANÇÃO DE SUCESSO NO MOMENTO, INVENTO PALAVRAS PARA ME COMUNICAR COM AS CRIANÇAS E ATÉ MESMO COM O MEU MARIDO!
'VOCÊ TEM DE PÔR O PIJAMA E ESCOVAR OS DENTES' CANTANDO DÁ CERTO! ECONOMIZO UMA TONELADA DE ENERGIA E DE TEMPO!"

RITUAL DA MELHOR AMIGA

✓ CHEGA DE DESACREDITAR NA MINHA FAMÍLIA.
✓ COMPROMETO-ME A PROGRAMAR UMA NOITADA DE "COESÃO FAMILIAR".
✓ EU ME FELICITO POR TER ENCONTRADO UM SLOGAN QUE FUNCIONA.

Forme uma equipe com o seu parceiro

Recuperar uma relação de marido e mulher – e não uma relação de pai e mãe – é primordial. Sabemos que é difícil dissociar um do outro quando se tem filhos, principalmente quando estão novinhos, mas lembre-se de que ainda existe em você uma namorada, que sai com o seu namorado.

Para enriquecer essa relação, você pode reservar um tempo junto a ele, sem as crianças para:
- a vida social do casal;
- fazer trocas com os amigos: neste fim de semana, eu fico com os seus filhos, no próximo, é com vocês;
- você também pode contratar esporadicamente uma babá para o sábado à noite, podendo cancelar, se for preciso. Isso servirá

como um pequeno empurrão necessário para improvisar uma saída como namorados.

É possível também estabelecer um tempo livre para cada um:
- "concederem-se" uma noite na semana para si mesmos ("para você, a terça-feira; para mim, a quinta-feira");
- passar noites ou fins de semana com as amigas para compensar as viagens à China;
- revezar-se em casa: um cuida de todos os serviços à noite e o outro se sente como visita.

Em todos os casos, aproveite a noite para recuperar a sua disposição.

Você também pode reservar tempo para um jantar "cartas na mesa" ou "gosto de viver com você" e brincar de fazer perguntas (um pergunta e o outro responde, depois invertem-se os papéis):
- O que fez você me escolher?
- Do que você gosta em mim?
- Há algo que eu faça que te irrita?
- O que eu poderia realizar e que faria você feliz?
- O que nós já conseguimos juntos?

Você pode facilitar a vida a dois e aplicar a regra imutável da paz dos casais: "Aquele que fez tem razão" ou AQFTR.

Quando você incumbir o seu marido de algo, faça-o depositando nele inteira confiança. Não é boa ideia impor a ele o que você não suportaria que lhe impusessem, tampouco usar uma inabilidade da parte dele para fazê-lo sentir-se culpado.

Se a fralda ficou no avesso, é porque não é tão evidente!

"Estamos em plena ascensão na carreira e ambos estamos tendo êxito. Nós nos organizamos em turno para poder ficar junto dos filhos quando um dos dois tem uma carga de trabalho mais importante. A despeito de nossos sucessos profissionais, mantemos uma abertura que nos permite usufruir de uma grande solidariedade entre nós, ao nosso redor e mesmo com os filhos."

"Trabalhei à noite durante muitos anos e, por isso, eram raras as nossas noites a dois! Várias vezes, aproveitamos um jantar com amigos para irmos antes tomar um aperitivo juntos. Um encontro de vinte a trinta minutos no café da esquina, só o tempo de nos conectarmos e chegar em harmonia para o jantar. Acho que é muito mais agradável para os nossos anfitriões do que ver seus convidados brigarem e irem embora com o sentimento de uma noite estragada."

Ritual da Melhor Amiga

✓ Vou deixar de ler sozinha e compartilhar este capítulo com o meu companheiro.
✓ Nós nos comprometemos mutuamente a fazer uma pequena mudança.
✓ Nós nos felicitamos pela benevolência de um para o outro.

Apoie-se nos amigos

A palavra "amizade" tem nada menos do que catorze sinônimos: afeição, amor, ligação, benevolência, coleguismo, companheirismo, entendimento, familiaridade, fraternidade, harmonia, intimidade, simpatia, ternura e união. Chamamos a sua atenção para dois deles: benevolência e fraternidade.

Portanto, entenda que, pelo simples fato de serem seus amigos, eles estão prontos para ajudá-la.

Se você não ousa jamais pedir ajuda aos seus amigos porque acha que eles têm mais o que fazer ou que vão pensar que você é abusada e que não sabe se virar sozinha, você está enganada.

Em primeiro lugar, porque você não pode estar ou pensar no lugar deles. Depois, porque você não é clarividente e não pode saber qual vai ser a resposta dos seus amigos se não lhes pedir nada.

Se você é daquelas que acham que pedir ajuda é sinal de fraqueza, mude o seu ponto de vista. Pedir ajuda é um gesto de confiança e de amor para com os outros. Ao pedir ajuda aos seus amigos, você lhes oferece a oportunidade de eles também lhe pedirem ajuda, criando, assim, um círculo virtuoso de solidariedade e auxílio mútuo.

Em cada ato de solidariedade, existe sempre um primeiro ou uma primeira a agir. Seja você a primeira a dar início a esses movimentos de auxílio mútuo, não tenha medo do desconhecido nem de deixar as pessoas entrarem na sua vida e tomar o seu tempo. No jogo do toma-lá-dá-cá, você vai sair ganhando.

Um estudo realizado pela Universidade de Nottingham, na Grã-Bretanha, demonstrou que, para ser feliz, era preciso estar rodeado de... pelo menos dez amigos.

"Moro no alto de uma encosta bastante desanimadora, especialmente quando já estamos vestidos para sair com os filhos. De fato, todos pegam o carro para levarem os filhos à escola. Não é preciso foto para imaginar os engarrafamentos ao redor da escola entre 8h20 e 8h35. A fim de não contribuir para o pico de poluição e de insegurança, decidi, desde o primeiro dia do curso primário da minha filha mais velha, ir a pé para a escola. Bem logo, percebi que, indo a pé, estava ganhando tempo, apesar da subida e da distância, pois colocar a minha filha no carro, prendê-la corretamente, procurar um lugar para estacionar, sair do carro, caminhar três minutos até a escola, dizer 'tchau, cantina, estudos, sim, sim, beijinhos, beijinhos', depois ficar de novo nos engarrafamentos era longo, desgastante e estressante.

Tive a ideia de propor um *pédibus* aos pais que eu conhecia de vista no bairro. O objetivo era fazer um revezamento de pais para acompanhar as crianças a pé ao irem para a escola.

Em uma semana estavam todos convencidos, principalmente as crianças. Conversavam entre elas, o ambiente era alegre.

A ativação muscular e intelectual se realizava calmamente e os tornava produtivos na escola. Por parte dos pais, nós nos revezávamos, nos entendíamos, criaram-se fortes amizades, nós nos ajudávamos para os passeios, para os deveres... A solidariedade foi mais forte que o individualismo em um bairro igual aos outros. Isso foi há cinco anos, e continua do mesmo jeito!"

Ritual da Melhor Amiga

Chega de carregar o mundo nas costas!

√ Chega de ficar no meu canto.
√ Comprometo-me a propor uma "troca" de crianças com meus vizinhos em um fim de semana.
√ Eu me felicito por ter dado início a uma atividade solidária.

CAPÍTULO 5
Distribuindo cartas

Você não está sozinha e os outros não estão contra você. Você vai poder aliviar-se de certas tarefas domésticas e também de todas aquelas missões e outras obrigações que tornam o seu fardo pesado demais para carregar.

Confie na sua capacidade para instaurar um novo estilo de organização e para contar com o apoio dos outros.

Reparta as tarefas

Para começar, elabore em família (ou só com o seu marido, se os seus filhos ainda forem pequenos) um quadro enumerando todas as tarefas recorrentes da casa e o tempo aproximado que elas tomam. Aproveite para identificar o que poderá ser melhorado e, principalmente, encontre voluntários! Inspire-se no quadro a seguir para elaborar o seu.

Uma vez estabelecido o quadro das tarefas, elabore um específico para cada semana (de preferência em papel que possa ser apagado), a fim de visualizar rapidamente quem faz o quê.

Acrescentando nele uma linha para "assinatura", assim você se garante de não ter de renegociar todas as noites.

Quadro de tarefas cotidianas

Casa	Tempo gasto	O que não está bem?	Quem é voluntário?
Compra de alimentos	Duas horas por semana	Falta tudo a partir de quinta-feira! É preciso que alguém centralize o que está faltando.	Violette para cuidar da lista do que falta. Eu para refazer as compras na quarta-feira. Papai e Violette para o sábado.
Compras diversas	Duas horas por semana	Fazemos tudo no sábado, tem fila e isso nos priva de atividades agradáveis!	Papai na sua hora de almoço na terça-feira. Eu, para fazer a lista.
Lixeiras	Cinco minutos por dia	Somos nulos em reciclagem!	Charlotte é nomeada "Capitã da Ecologia".
Refeições	Mais ou menos seis horas por semana	Sou sempre eu!	Eu... mas os outros arrumam e tiram a mesa.
Varrer / Passar o aspirador	Uma hora	De manhã a casa está sempre cheia de migalhas quando todos saem!	Jules é o responsável pela pequena varrida depois do café da manhã!

- √ **Caso você seja mais preocupada com os afazeres domésticos do que o seu marido, incentive-o a planejar mais o cotidiano, mas aceite também que ele a ensine a relaxar. Um piquenique à noite também é divertido.**
- √ Procure responsabilizar os seus filhos. Se eles forem autônomos e tiverem a responsabilidade de uma tarefa em casa, eles a farão com maior prazer e aplicação. Nomeie-os: "Capitães da ecologia" (eles verificam se as luzes estão apagadas, cuidam da sacola de itens para reciclar, etc.), "Capitães da intendência" (eles mantêm em dia a lista de compras quando um produto está quase acabando), etc.

Veja a seguir o quadro das tarefas semanais e use-o como modelo para elaborar o seu.

Não hesite em torná-lo atrativo, em enriquecê-lo com símbolos engraçados para que os pequenos o entendam.

Quadro de tarefas semanais

	Segunda--feira	Terça--feira	Quarta--feira	Quinta--feira	Sexta--feira	Sábado	Domingo
Compras de alimentos			Mamãe			Papai e Violette; os outros guardam os alimentos.	
Compras diversas		Papai					
Reciclagem	Charlotte separa os itens da sua coleta da semana: tampas, cartuchos de impressora, pilhas, lâmpadas, etc.					Papai os põe nos recipientes do supermercado.	
Refeições	Mamãe, enquanto Violette arruma a mesa. Os meninos tiram a mesa.					Os filhos, com o que sobrou na geladeira.	Todos
Varrer / Passar o aspirador	Jules						O último que ficar na mesa.
Assinatura							

Depois, elabore um memorando das suas próprias rotinas diárias para que, com uma rápida olhadela pela manhã e à noite, você possa desempenhar as suas diversas responsabilidades e manter a sua casa em uma condição que você ache aceitável.

A ideia é ressaltar tudo aquilo a que você tem de dar atenção de manhã e à noite. Isso irá ajudá-la a não desviar a sua atenção do que é realmente importante. Esse memorando pode ser dividido em dois: os rituais da manhã e os da noite.

- De manhã:
- – verificar as bolsas da escola, as coisas para a creche ou para a babá;
- – verificar o estado dos quartos e ventilar;
- – tirar o jantar do congelador;
- – etc.

- À noite:
- – juntar a roupa suja;
- – lavar uma carga de máquina;
- – preparar as roupas do dia seguinte;
- – tirar o café da manhã;
- – etc.

Sabemos que você administra bem o emprego do tempo de toda a família, mas lembre-se de que um gesto rotineiro faz poupar tempo e energia. Assim sendo, deixe-nos sugerir um truque ultra-eficaz que intitulamos "inéditos da semana". Trata-se de anotar o que é particular a cada dia e que não obedece à rotina cotidiana:

Inéditos da semana

Segunda-feira	Terça-feira	Quarta-feira	Quinta-feira	Sexta-feira	Sábado
Octave: roupas de esporte. Noite da **mamãe,** que tem compromissos tarde e vai à ginástica às 21 horas.	**Marine**: trajes de banho de outubro a fevereiro. Ou então, roupas de esporte. **Octave** vai da escola diretamente para a aula de piano.	**Papai:** chega em casa às 18 horas. **Marine:** dança às 10h30.	**Thelma:** roupas de esporte. **Thelma:** ida ao ortodontista às 18h30 de setembro a dezembro.	**Thelma:** violão às 18h15 (trajeto com Coralie, trazê-la na volta).	Tênis ou piscina às 10 horas. Mercado no centro da cidade às 12h30.
Não esquecer: medicação de Marine, óleos essenciais de Octave e lanche para o estudo de Thelma.					

Não esqueça que são necessários 21 dias para mudar os seus hábitos. Por isso, seja paciente mas também firme nas decisões que você tomou em termos de nova organização e de distribuição das tarefas domésticas.

Quanto ao lado profissional, estudos mostram que as mulheres têm uma consciência profissional maior que os homens e teriam, em relação à sua empresa, o mesmo sentimento de responsabilidade que têm em relação à família. Certamente você é responsável pelo seu trabalho, mas, em casa, você não tem de assumir a tarefa ou os erros dos outros. No meio corporativo, raramente você está sozinha. Lembre-se de que cada um tem um papel preciso a desempenhar e não se pode ser atacante e goleiro ao mesmo tempo.

Execute o seu trabalho permanecendo concentrada nos seus objetivos e, quando você tiver de trabalhar em equipe, não se esqueça de que cada um tem uma missão precisa. Mesmo que não seja o seu papel e que você não seja gerente, dialogar com os seus colegas a respeito do papel e da missão deles não é ultrapassar as suas funções, mas demonstrar sabedoria.

RITUAL DA MELHOR AMIGA

√ Chega de sobrecarregar-se.
√ Comprometo-me a pensar em uma distribuição de tarefas durável e equitativa.
√ Eu me felicito por já estar me sentindo mais leve!

Preserve a arte de fazer anotações

Ter o controle de tudo que temos de fazer, do que desejamos realizar, do que quereríamos mandar fazer ou daquilo que sonhamos não é possível sem a ajuda do papel.

Provavelmente é para corresponder às nossas necessidades de anotar tudo e de elaborar listas com capricho que o mercado de cadernetas de anotações explodiu!

As listas fazem parte do nosso cotidiano, quer sejamos "nunca sem a minha lista" ou "esqueci a minha lista, mas tenho quase tudo na cabeça", quer gostemos das listas de tarefas para uma data precisa e inscritas na agenda ou prefiramos as listas daquilo que gostaríamos de realizar "talvez um dia".

Escrevemos centenas delas, sobre temas variados: férias, restaurantes, compras, endereços, tarefas a fazer, itens para comprar, presentes... Elas nos ajudam a manter o controle da nossa vida, a ganhar tempo, a evitar os esquecimentos, a guardar um traço de nossos lampejos de criatividade, a simplificar a vida.

Para nós, essas listas são tão necessárias quanto úteis e preciosas. Aprendendo a gostar, a tirar proveito delas, podemos viver de forma mais simples, mais leve e mais intensa. Organizar um sistema eficaz de listas não é complicado, se for feito como se deve, e é um excelente meio para nos organizarmos e aproveitarmos a vida.

Abandone os *post-its* e muna-se do seu belo caderno de notas tinindo de novo. Atribua-lhe um título: "Meu caderno, minhas vitórias", "Meu caderno de êxitos", "Meus sucessos", "Meu novo projeto de vida", "Meu caderno, minha luta", etc.

Crie também um belo subtítulo. Escreva, sob o título, um slogan, uma citação de que você goste particularmente, que a defina e que ressoe em você quando a pronunciar em voz alta ("Eu amo a vida", "Coração alegre faz rosto radiante", "A esperança é o esteio do mundo", "Minha família, minha luta", "A vida será um bem perdido se não a vivermos como gostaríamos (Mihai Eminescu)", "Ir até o fim de seus sonhos", etc.).

Nesse caderno de notas, você poderá anotar em qualquer ordem:
- o que você gostaria de fazer (vontade de ir a um lugar ensolarado em pleno inverno, vontade de ligar para Anne-Sophie, que não vejo há dois anos, vontade de vender os CDs dos anos 1990, etc.);
- aquilo que resta fazer;
- itens necessários ou fúteis;
- o que toma tempo ou não;
- o que a faz vibrar;
- os bons planos, pinçados durante o dia na imprensa, nas conversas de corredor;
- as suas vontades, até mesmo as mais tresloucadas;
- as vitórias (conseguir sair do escritório às 18 horas, não ficar nervosa com o marido por ele ter se esquecido de comprar leite, conseguir marcar hora no dentista para você);
- as suas preocupações do momento (assim, você poderá ter a distância necessária para agir sobre elas e administrá-las melhor). Em seu livro *L'art des listes*, Dominique Loreau diz: "Escritas, as suas preocupações não terão mais a mesma amplitude que as suas emoções lhe incutiam quando elas davam voltas em sua mente, elas serão menos invasivas, mais concretas e circunscritas".

Depois, para conservar todas essas preciosas ideias e capitalizá-las naquilo que você teve o trabalho de anotar, organize as suas anotações em diferentes listas temáticas e crie uma pasta "Listas" no seu computador, que contenha:

- Listas para as saídas, em que constem:

- o nome dos restaurantes de que você gosta e dos que gostaria de testar;
- o nome das babás e o telefone;
- o "Manual de instruções das crianças": Pénélope toma tal medicamento de manhã; Colombe está na classe 2 da professora Levaïsse no prédio B, é preciso pegá-la na sua classe com autorização de um dos pais; quarta-feira ela vai à aula de dança às 11 horas no endereço tal; o material de dança está no armário da entrada, etc. Não se angustie se isso toma um pouco de tempo, porque vai servir sempre para alguém durante o ano.
• Listas das compras não urgentes, contendo:
- os livros que lhe recomendaram e aqueles que lhe parecem interessantes;
- ideias e presentes para o aniversário de Rose, os 40 anos do seu cunhado, a aposentadoria do seu chefe preferido.
• Listas de saúde, contendo:
- os medicamentos, os óleos essenciais, as dicas de saúde, os lembretes e as recomendações que os acompanham;
- as coordenadas dos seus médicos e os telefones de urgência.
• Listas para não esquecer, com:
- itens para levar nas férias (com temas "esqui", "praia");
- as suas compras básicas e as refeições preferidas da família.
• Listas de "prazeres", contendo:
- as suas alegrias (as de hoje, da semana passada, da sua infância);
- os seus sonhos mais loucos (os seus e os dos seus filhos);
- as palavrinhas engraçadas ou expressões dos seus filhos.
• Lista dos projetos... inclassificáveis. Não se esqueça de que ela pode libertá-la de uma ideia que não a abandona!

Não se esqueça tampouco de que o seu caderno de notas será também a sua fonte de inspiração para redigir a sua lista de afazeres matinal (veja o quadro a seguir)!

"Adquiri o hábito, ao me levantar quinze minutos antes do resto da família, de redigir uma lista de afazeres matinal que me faz ficar particularmente eficiente. Redijo-a enquanto tomo o meu café, e ela é muito diferente daquela dos compromissos já inscritos na minha agenda: anoto algumas coisas, pequenas ou grandes, que desejo fazer no decorrer do dia.
Eu as retiro do meu caderno de anotações e adapto-as ao meu ritmo diário. Tento cuidar para que nela figure algo agradável, que seja a luz do meu dia; aumento garantido da minha autoestima no final do dia quando consigo concluí-la!
Exemplos do que anoto? Organizar um encontro com minhas colegas de trabalho, ligar para a minha avó e marcar um dia para almoçar com ela (mesmo que seja dois meses depois), ligar para o encanador para, finalmente, consertar aquela torneira, reservar um jantar romântico e verificar a disponibilidade da babá, jogar uma partida de baralho infantil com a caçula, escolher as fotos do verão, dar pelo menos três presentes de Natal antecipados, tirar um tempo para ler o diário de classe de uma das minhas filhas e ver com ela o que funcionou bem e o não foi tão bem na escola ultimamente."

Para não alongar infinitamente as suas listas e ter o sentimento concreto de avançar e de dar conta diariamente de um pouco dessas tarefas cotidianas, você deve ter bons reflexos:

- Habitue-se a dizer a si mesma: "Tudo o que levar menos de dois minutos deve ser feito imediatamente", para não criar listas imensas e ficar desanimada depois com a extensão delas. Por exemplo, pague as suas faturas logo que abrir a correspondência ou, mais eficaz ainda, passe a usar fatura eletrônica.
- Cuide daquilo que você tem de fazer, combinando e agrupando as que podem ser realizadas simultaneamente e organizando as tarefas de acordo com as situações cotidianas. Por exemplo: você sabe que vai ter de ficar bastante tempo na sala de espera

do seu famoso ginecologista. Então, aproveite para cuidar dos seus e-mails (dar notícias, organizar um jantar, etc.). Você sabe que vai ter de visitar o seu cliente, então aproveite para fazer uma "shoppingterapia" nas lojas do bairro.

- Decomponha todas as ações que requerem diversas ações subjacentes. Por exemplo, não anote "trocar a lâmpada", mas dissocie a compra da troca (você pode agrupar a compra da lâmpada com a de outros produtos). Não escreva "pensar nos feriados da primavera", mas "ligar para a minha mãe ou para a minha sogra para saber se uma delas tem uma semana livre para ficar com as crianças", ou "fazer um *brainstorming* em família para saber aonde ir durante uma semana" e comece a pesquisar hotéis e fazer reservas na Internet.
- Evite procrastinar e fragmente em diversas pequenas tarefas aquela atividade que gera desânimo e sentimentos tóxicos a você. Livrar-se dela é o melhor meio de esquecê-la. Se é o tédio que a bloqueia, comece fazendo o que mais a desagrada; se é o tamanho da atividade, fragmente-a (diversas pequenas tarefas são psicologicamente menos desanimadoras do que uma grande).
- Delegue tudo o que puder ser delegado. Saber apoiar-se nos outros faz parte dos conceitos fundamentais do método de 21 dias. Então, não seja avarenta com as suas listas. Compartilhe-as, mostre-as, afixe-as: todos os membros da sua família a apoiarão com muito mais espontaneidade se ouvirem: "Vejam tudo o que há para fazer nesta semana. Estou um tanto cansada e não terei tempo de fazer tudo. Vamos dividir as tarefas?". Confesse que isso lhe faria bem, em vez de assumir tudo como o valente soldado que você é. Veja a declaração do imposto de renda. Quantas vezes, ouvimos as pessoas aterem-se a ela somente no mês de abril! Trata-se de um bom exemplo de procrastinação. Para evitar que ela a contamine, decomponha as ações que precisam ser feitas e organize-se para o ano seguinte:
– durante o ano todo, reúna, em uma única pasta "Impostos 201...", todos os documentos necessários (extratos bancários

retroativos, comprovante de salário fornecido pelo seu empregador, deduções fiscais, etc.);
- conecte-se ao site do governo, seguindo o procedimento e tendo em mãos a declaração do ano anterior;
- reserve um tempo com o seu marido para verificar os campos, completar e gravar. Providencie chás e chocolate para se reconfortarem mutuamente.

√ Quando uma tarefa se arrasta por muito tempo na lista de coisas a fazer, é porque ela é inútil – e, nesse caso, risque-a sem dó – ou então porque ela não está claramente redigida. Por isso, insistimos no fato de decompor as "grandes" tarefas em pequenas ações realizáveis e quantificáveis. Se permanecer por tempo demais na sua lista, você corre o risco de nunca dar início a ela.

√ Risque do seu caderno de notas tudo o que está relacionado a um tema e gravado no seu computador e também tudo o que já foi efetuado. Aproveite isso plenamente para sentir-se mais leve e serena para o futuro!

 Ritual da Melhor Amiga

√ Chega de sobrecarregar a minha mente.
√ Comprometo-me a preencher o meu caderno de anotações.
√ Eu me felicito por ter iniciado o ritual das listas matinais.

Regenere o seu espaço

Produzir mudanças visíveis em sua casa vai lhe ajudar a se fixar no método de 21 dias para deixar de carregar o mundo nas costas. Partindo do princípio de que um espaço claro e livre é mais propício à serenidade e facilita a tomada de decisões, convidamos você a efetuar uma triagem para simplificar a vida.

Arrumar, sabemos o que significa. Limpar, somos especialistas nessa arte. Mas triar para regenerar o seu espaço pode parecer um conceito um tanto nebuloso, principalmente para as pessoas que não gostam de jogar nada fora, mas preferem conservar e transformar a sua casa em museu.

Triar é enxergar claramente. É facilitar a vida, reduzindo o número de objetos para limpar, tirar-lhes o pó ou arrumar. Também é limitar os causadores de alergias na casa (poeiras, ácaros, mofos, etc.).

Triar é dar-se a possibilidade de dominar mais o seu espaço, de sentir-se dona do seu ambiente, de permitir-se libertar verdadeiramente a sua mente.

A cada noite da semana, reserve cinco minutos para suprimir, de cada cômodo, pelo menos dois itens. Antes de partir para o ataque, repita em voz alta: "Triar não é desfazer-se das lembranças, é ganhar em serenidade e em confiança", "Triar não é desmunir-se, é aliviar-se para progredir melhor".

Se lhe acontecer de hesitar no momento de se desfazer da camiseta usada quando você tinha 18 anos, pergunte a si mesma: "O que desejo deixar para os meus filhos? O que é essencial? Deixar-lhes três blusas de caxemira desbotada ou a lembrança de uma guerra de travesseiros?".

Essas perguntas também valem para as suas compras compulsivas. Então, siga as orientações e ataque a sua casa, cômodo por cômodo!

A cozinha

Dê fim a todos os utensílios de cozinha que você não usa, inclusive aqueles que utiliza só uma vez por ano. Vise primeiro as novidades inúteis e os objetos insólitos comprados por serem engraçados, e não pela utilidade. Elimine o que você tem em dobro – por exemplo, você não precisa de três escorredores de massas (se você cozinha um pouco, um escorredor de massas e um *chinois* dão conta do recado).

Dê fim às louças lascadas ou quebradas, perigosas para você e seus filhos. Dê fim aos objetos tóxicos. Por exemplo, as panelas e as frigideiras arranhadas, as latas enferrujadas, e os pratos e as vasilhas de plástico que podem conter bisfenol A.

Jogue fora todas as velhas revistas de cozinha. Agrupe todas as suas receitas de cozinha em um só caderno, em um arquivo Word ou, mais eficaz ainda, conte somente com os sites e aplicativos de culinária.

"Eu uso diariamente tudo o que acho bonito e não os reservo unicamente para hipotéticas ocasiões extraordinárias. Sim, os talheres de prata são utilizados todos os dias, senão eles só servem para entulhar os meus armários. Não penso em tirá-los só para os convidados (sem saber mais onde estão guardados). Sim, os belos pratos coloridos também, e não vou ficar guardando velharias que só adicionam uma camada de melancolia a um jantar que pode não ser tão agradável."

O banheiro

Jogue fora ou recicle todos os produtos de beleza abertos há mais de seis meses (protetor solar do verão passado, os hidratantes de inverno, etc.).
Jogue também aquela maquiagem que você só usa no ano-novo.

Procure conservar:

- a maquiagem que você usa diariamente;
- uma sombra para os olhos, que terá efeito em uma festa;
- 1 delineador para os olhos fácil de usar;
- 3 batons;
- 1 creme para o dia;
- 1 creme para a noite;
- 1 contorno dos olhos;
- 1 produto para o corpo (creme, leite, óleo, você escolhe!);
- 1 desodorante;
- 1 removedor de maquiagem.

Tudo isso natural e de preferência adaptado ao seu tipo de pele.

O seu quarto

O guarda-roupa

Fazer uma triagem das suas roupas é mais ou menos como arrumar uma mala ideal, a cada mudança de estação.

Como você vai fazer isso?

Coloque sobre a cama aquilo que você levaria se fosse sair de férias por um mês. Limite-se ao espaço da sua cama! Depois, deixe o restante em caixas de papelão. Não preste nenhuma atenção ao que você depôs nas caixas. Haveria o risco de retirar peças que você não vai usar, mas que guarda com carinho (porque comprou na Itália, ou porque foi um presente da sua prima, etc.).

Estudos bastante sérios afirmam que as mulheres usam apenas 20% do seu guarda-roupa.

O "para o caso de" não existe em matéria de arrumação de armário. Fica no âmbito do improvável; seja rápida e sem sentimentalismos nessa missão. Você vai ver que, no final da estação, não terá ido garimpar nenhuma roupa suplementar na sua caixa de papelão, salvo talvez por uma festa a fantasia!

Enfim, a exemplo das suas relações com os outros, privilegie a qualidade em vez da quantidade!

Pense em conservar três trajes "prontos para o uso" nos quais você se sente bem. Eles serão úteis nos dias em que você estiver atrasada ou pouco decidida a sair de casa. Você poderá também fotografá-los, imprimi-los e colar no guarda-roupas. Mantenha também dois conjuntos de roupas para as suas atividades domésticas (limpeza, bricolagem, jardinagem, etc.) e dois para a prática de esporte.

DICAS

- Para simplificar a vida, compre roupas similares.
- Não hesite em comprar diversas calças do mesmo modelo e da mesma marca em cores diferentes. Depois, complete com blusas e camisas mais originais. Ter mais peças e de diferentes modelagens não acrescenta nada em termos de praticidade. Aliás, muitas mulheres notáveis têm sempre o mesmo estilo, o mesmo tipo de *tailleur* e o mesmo corte de vestido. Reparamos na sua classe, sem pensar nem por um segundo que elas se vestem sempre do mesmo modo e que não têm mais nada para usar.
- As combinações saia/calça e blusa deverão ser previamente testadas a fim de evitar o nervosismo da última hora!

"As vantagens de um guarda-roupa com estilo, ou o que você vai ganhar em triar e organizar o seu guarda-roupa?
- Tempo, muito tempo! Quanto menos tivermos para escolher, mais depressa escolhemos. E como para nós, mulheres, muitas vezes é difícil escolher, temos de reduzir o número de possibilidades.
- Serenidade ao olhar o nosso armário cheio de belas roupas de que gostamos.
- A vontade de ser bela!
- Um moral de aço e uma autoconfiança melhorada.
- Um estilo, o nosso estilo."

Os objetos insólitos

Coloque em uma caixa de sapatos todas as bijuterias que você guarda desde os 18 anos e não usa mais. Conserve-as no alto de um armário se você tem filhas ou sobrinhas. Elas ficarão felizes em garimpar a caixa em busca de um colar extravagante para uma festa comum ou talvez para uma festa à fantasia improvisada. Ou então, venda-as ou doe-as.

Peça para os seus filhos enfeitarem uma caixa de papelão e diga a eles que é o seu baú de tesouros. Coloque nela todos os objetos que fabricaram com amor para o dia das mães ou dos pais (mas tome cuidado e espere que já estejam maiores o bastante para não se magoarem).

Enfim, doe ou jogue fora todos aqueles objetos que você não queria mais na sua sala, mas não queria descartar – e não os recicle no quarto da sua filha mais velha!

"Quando fizemos obras em nossa casa, fomos morar durante quatro meses em uma outra casa, gentilmente cedida por amigos. Assim, levei uma pequena parte das minhas coisas em uma mala, e não me faltou nada, muito pelo contrário, até deixei de levar algumas roupas. Eu me sentia mais eficiente pela manhã e bem mais espontânea na escolha do que ia vestir."

O quarto das crianças
As roupas

A triagem é mais simples do que para os adultos. Tudo o que ficou pequeno demais deve ser doado ou vendido. Mas, é preciso ter cuidado, muitas vezes é infrutífero vender roupas e também é perda de tempo, a não ser no caso de grandes marcas. Por outro lado, muitas vezes, doar é uma ação bem mais rentável em termos de autoestima, de bom exemplo para os filhos e de prazer em ofertar algo de que gostamos.

Se você for guardar as roupas para os menores, arrume-as em sacolas com etiquetas (por exemplo, 6 meses, 12 meses, etc.).

Os brinquedos

As crianças se divertem com tão pouco! Todas nós podemos observar isso a cada vez que damos um presente aos nossos filhos e eles brincam com a embalagem ou com os fitilhos. Então, reduzir o número de brinquedos no quarto não é privá-los deles, mas dar-lhes a possibilidade de aproveitar a fundo os seus brinquedos preferidos.

Você pode deixar apenas de cinco a seis jogos ou brinquedos à sua disposição. Essa seleção deve compreender os clássicos (bonecas, carrinhos, jogos de cozinha e refeições, Playmobil®), os jogos de reflexão (quebra-cabeças, jogos de memória, de sociedade) e as tendências do momento.

√ Por ocasião das férias escolares, deixe alguns jogos de lado e privilegie outros, levando-os para o quarto. Troque os brinquedos novos por outros mais antigos.
√ Você verá o quanto eles esquecem os novos e ficam felizes por reencontrar os velhos como se fossem novidades.

Caso tenha filhos com menos de 10 anos, deixe guardados em um armário os jogos para mais de uma pessoa e que constam de cartas, peões... Utilize-os quando for necessário canalizar a energia deles, reuni-los em torno de uma brincadeira em comum para promover a sua união, criar um ambiente lúdico no seio da família.

Organize para eles, na medida do possível, um espaço em que eles possam construir e deixar as suas casas de Playmobil®, de Lego®, etc., para retomá-las a qualquer momento. É sempre muito triste ter que demolir uma casa e personagens pacientemente construídos para dar uma passada de aspirador de pó.

Deixe-lhes os brinquedos de que gostam e não aqueles que eram os seus sonhos de criança (casa de boneca, trem elétrico, pipa, etc.).

Deixe ao seu alcance os jogos que dominam perfeitamente e cujas instruções você pode explicar a eles (no método Montessori, esse modo de funcionamento evita expor a criança a um fracasso).

"Quando minha filha mais velha voltou às aulas em um grau superior, eu lhe sugeri que redecorasse um pouco o seu quarto para marcar essa mudança.
Confesso vergonhosamente que eu tinha pressa de vê-la suprimir os seus bibelôs de uma feira popular anual e outras obras-primas de papel machê, mas ela, nada!
Apesar da minha insistência e das tentativas de corrupção, nada se fez. Conversando com a sua tia, essa lhe contou que, quando pequena, fizera uma caixa de papelão (uma única) na qual pusera suas melhores lembranças. Ela fechara a caixa e escrevera 'Para abrir quando eu tiver 20 anos!' Era convincente para a minha filha, que fez a sua caixa com tamanho entusiasmo que eu estava quase lhe oferecendo uma segunda!
Finalmente, ganhei uma caixa com duração de nove anos de estocagem e um enorme sorriso nos lábios a cada vez que imagino a minha filha aos 20 anos olhando a sua caixa azul de cerâmica."

A sala de estar

> Viver apenas no passado ou nas recordações é esquecer o presente e fechar para si as portas do futuro.
>
> *L'art de la simplicité*, **Dominique Loreau**

Jogue fora as revistas velhas e outras propagandas que frequentemente invadem as mesinhas. Guarde, em uma caixa, alguns bibelôs durante 21 dias consecutivos. Você verá que, no fim desses 21 dias, você prescindirá facilmente do contato visual desses objetos, mesmo que, em meio a eles, estivesse uma lembrança da sua viagem de núpcias.

Menos bibelôs significa também menos poeira. Se você mora em uma cidade grande, a poluição e outros alérgenos já invadem bastante as suas vias respiratórias para que você adicione outros fatores desencadeantes de alergias.

Suprimir da sua casa aquilo que as nossas avós chamavam de "agarra-poeiras" irá lhe garantir um lugar sadio, em que você poderá relaxar e respirar profundamente.

O som e a luz na casa

Elimine as luzes demasiado intensas e agressivas.

Não há nada que incomode mais do que uma luz de 60 W nos banheiros, principalmente quando se trata do primeiro contato luminoso do dia.

Para melhorar o seu sono, retire do seu quarto os despertadores com luzes intensivas, os carregadores que piscam e prefira uma luminária de cores variáveis, que produz um efeito calmante.

Reduza também todos os sons que a perturbam. Estamos falando de sons que vêm da casa, e não dos produzidos pelos seus filhos! Lubrifique as portas que rangem, programe as suas máquinas para lavarem durante a sua ausência, use tapetes para atenuar os ruídos de passos, etc.

"Ser em vez de ter...
Todos os anos, no final de agosto, quando as minhas filhas voltam das férias na casa dos avós, tento fazer uma avaliação da casa, perguntando a mim mesma: 'Será que preciso mesmo disso que usei no ano que passou?'.
Pensando assim, eu me separo de muitas coisas, doando-as em sites de filantropia ou depositando-as nos recipientes de materiais para reciclagem.
Também sei que esse não é um comportamento natural para todos (confesso, faço isso meio às escondidas) e que o fato de ter precisado mudar frequentemente de casa na infância me deu certa facilidade...
O que isso me proporciona? Ter menos objetos é também gastar menos tempo limpando-os, encontrando um lugar para eles, mudando-os de lugar. Assim, tenho mais tempo para dedicar à minha família, para fazermos atividades juntos, para estar mais atenta aos meus, ao meu ambiente e aos outros."

 Ritual da Melhor Amiga

√ Chega de entulhar a minha casa.
√ Comprometo-me a me livrar de pelo menos dez itens por semana.
√ Eu me felicito por ter adotado o conceito "um objeto que entra = um objeto que sai".

CAPÍTULO 6
Jogando com o tempo

Agora que você está aliviada, descarregada, que trabalhou bem – temos de dizer: a Melhor Amiga foi exigente estes últimos dias! –, vamos dividir com você o nosso segredo para que você possa aproveitar melhor os seus dias.

Viva o presente

- Estou atrasado com algo que preciso fazer com urgência!
- O quê?
- Não ter pressa

Trop Vite !, **Jean-Louis Servan-Schreiber**

Você já sentiu uma certa satisfação e um orgulho de estar totalmente absorvida por uma atividade manual apaixonante (cozinha, costura, pintura, etc.)?

Aquele momento de volúpia que proporciona uma grande alegria e certa excitação, quando pensamos que tudo é possível (expor nossos quadros, vir a ser *chef* em culinária ou professor de tênis, etc.)?

Esse momento existe e é reprodutível infinitamente. Em psicologia positiva, ele é denominado *flow* e é comparado ao "segundo fôlego" para os esportistas. É aquela fase ideal de concentração do esforço e do mental que lhe proporciona a mesma alegria e a mesma excitação, pois eles estão no melhor da sua performance e do seu esforço.

Provavelmente você a vive cada vez menos, porque a sua vida é marcada a cada dia por um pouco mais de responsabilidades, de regras, de atividades para fazer, porque a sua vida está centrada na ação e no imediatismo. E, no entanto, viver e contemplar o momento presente é um insuspeitado manancial de repouso. Se você tem dificuldades para moderar os seus pensamentos, pode considerar que viver o momento presente é mais ou menos como um tempo de recuperação ativa no final de uma sessão de treinamento (continuamos a praticar exercício em uma intensidade mais baixa). Sobre essa recuperação ativa, dizemos que ela permite "limpar" os músculos e voltar a um estado normal.

Viver o momento presente é exatamente isso. Reduzimos a velocidade, mas não paramos. Recuperamo-nos. Voltamos a um estado normal de escuta, de atenção, de benevolência, para nos permitirmos viver o nosso cotidiano com serenidade.

"De todas as técnicas de relaxação que pratiquei (ioga, sofrologia, chi kung), a técnica do momento presente me salvou.
A partir de agora, posso viver acontecimentos que antes me eram paliativos ou invisíveis, porque a minha mente já estava fazendo outra coisa. Estou muito feliz com ela. Saboreio durante minutos inteiros um 'mamãe eu te amo'. Suspendo o meu tempo por cinco minutos quando a minha filha quer me ajudar a cozinhar às 19h30 uma noite por semana porque depois vem esta frase que adoro: 'estava bom demais, cozinharmos juntas, não, mamãe?'.
O meu corpo e a minha mente ficam mais relaxados, fico menos cansada e até reduzi as minhas visitas ao fisioterapeuta!"

A exemplo da microssesta, o treinamento vai lhe permitir viver e aproveitar o momento presente. Tal consciência vai habituá--la pouco a pouco à felicidade e guiá-la para um estado geral de bem-estar, além de ajudá-la a se amar e aceitar-se como você é no momento presente.

Esquecendo o relógio

> Transformar o bem-estar em felicidade, implantar em nós o gosto pela vida e fazer-nos presentes nos momentos felizes vai ser útil em outros momentos da nossa vida, quando os tempos forem mais duros.
>
> *Méditer jour après jour*, **Christophe André**

Durante toda esta semana, separe-se do seu relógio para estar plenamente presente naquilo que você estiver fazendo, sem se preocupar com o tempo. Sem o relógio, fazemos uma coisa após outra sem nos deixarmos distrair por ele e pelo estresse que induz. Sem ele, deixamos de dizer a hora aos nossos filhos, que não sabem, antes de seis ou sete anos, o que significa 8h17.

Observe cada ação que está se passando ao seu redor, seja como protagonista, seja como somente espectadora:
- o seu marido que está brincando com os filhos;
- a sua filha que está cantarolando para a boneca;
- a sua vizinha que lhe dá bom dia;
- o seu vizinho de trabalho que lhe conta o seu fim de semana.

Olhe as coisas e as pessoas com benevolência, sem crítica. Enfatize essencialmente aquilo que lhe traz felicidade. Você vai perceber como a felicidade está em toda parte, a cada instante e como é repousante ganhar alguns segundos ou minutos de felicidade.

"À NOITE, FAZER AS GÊMEAS DORMIREM PODIA LEVAR CERCA DE UMA HORA. DEPOIS DE ADORMECIDAS, EU ESTAVA TÃO EXTENUADA QUE NÃO TINHA FORÇAS PARA TER O MEU PRÓPRIO TEMPO À NOITE (NEM TRABALHO, NEM FILME, NEM COSTURA, NEM LEITURA).

UM BELO DIA, O MEU RELÓGIO PAROU DE FUNCIONAR E LEVEI BEM MAIS DE UMA SEMANA PARA LEVÁ-LO AO RELOJOEIRO PARA CONSERTAR. FOI AO CONVERSAR COM UMA AMIGA E CONFESSAR-LHE ESTAR MENOS ESTRESSADA HÁ ALGUM TEMPO QUE ME INTERROGUEI SE NÃO TINHA A VER COM A AUSÊNCIA DO MEU RELÓGIO.

ENTÃO, COMECEI A OBSERVAR O QUE ACONTECIA NA HORA DE DORMIR. EU CORRELACIONAVA O QUE, PARA NÓS, É OBRIGATÓRIO, ISTO É, NÃO NEGOCIÁVEL (DENTES, BANHEIRO, COPO DE ÁGUA, REMÉDIOS, ETC.). DEPOIS, CHEGAVA O MOMENTO DE CONTAR A HISTÓRIA DA NOITE. COMO EU ESTAVA SEM RELÓGIO, A DURAÇÃO DELA JÁ NÃO ESTAVA DETERMINADA PELA HORA, MAS PELA MINHA VONTADE. ENTÃO, CHEGAVA O MOMENTO DO AGRADINHO, E ESTE TAMBÉM NÃO ESTAVA MAIS SUJEITO AO RELÓGIO, E EU O PROLONGAVA DURANTE O TEMPO DE UMA CANÇÃO OU DE UMA CONFIDÊNCIA SOBRE O DIA. FOI ENTÃO QUE PERCEBI QUE HAVIA GANHADO EM SIMPLICIDADE SOBRE O DORMIR E SOBRE O CANSAÇO, ALÉM DE TER GANHADO ATÉ MESMO MINUTOS."

Reativando os cinco sentidos

Você sabia que os nossos cinco sentidos são catalisadores do momento presente e nos ajudam a construir imagens positivas?

Assim sendo, é vantajoso utilizá-los para reabastecer-se de emoção e viver o momento presente de maneira positiva.

- **A visão:** olhe demoradamente tudo o que se passa ao seu redor. Olhe as pessoas andarem com muita pressa, falarem alto para se darem ares de importância... Observe aquela mãe esgotada que grita com os filhos em plena rua. A imagem mental que irá constituir para essa situação (não quero ser assim) vai inscrever-se na sua memória. Toda vez que tiver vontade de gritar com os seus filhos, você irá recorrer a essas lembranças, o que vai tirar toda a sua vontade de agir da mesma forma.

- **A audição:** deixe uma música, uma fala amigável ou o canto de um pássaro habitarem você. É como nutrir-se de um som. Os ruídos podem ser encantadores quando são ouvidos e escutados. Ao mesmo tempo, também podem ser sentidos como uma agressão. Os risos das crianças podem ser cansativos após um dia de trabalho, mas, se você lhes dá atenção, podem ser verdadeiros motivos de alegria. Se elas estão rindo, é porque estão felizes.
- **O olfato:** de acordo com os criadores de fragrâncias, o olfato é o sentido que tem o mais forte vínculo com as emoções. Aliás, o que há de mais agradável e emocionante do que um cheirinho de bebê? Esse odor desperta o nosso instinto materno mais depressa do que a leitura das certidões de nascimento! Leve sempre com você um lenço de pano com algumas gotas de fragrâncias dos seus bebês, do perfume do seu marido, de lavanda, de canela, etc., e use-o como um SOS de relaxamento.
- **O paladar:** a madalena de Proust! Um simples bocado pode nos transportar até trinta anos antes, na cozinha da nossa avó. Degustar as refeições sem ter pressa e apreciar todos os sabores é bom não só para o sistema digestivo mas também para a nossa felicidade. Para que o paladar se torne um trunfo para viver o momento presente, você pode tentar associar uma imagem mental a um sabor. Tome um café e procure vincular a ele uma imagem positiva. Aprecie, por um instante, essa feliz associação, a fim de voltar descontraída para a sua reunião e, com suficiente distanciamento e confiança, por que não intervir?
- **O tato:** é o sentido mais utilizado durante todo o dia (ao pentear-se, acariciar a face do seu amor, utilizar telefones celulares, etc.). Hoje, a gente toca, acaricia, tamborila... os cabelos, uma caneta, a ponta da sua echarpe. Use o tato para viver o momento presente, para reconfortar-se e acalmar-se.

✓ **Faço uso do meu sexto sentido**, aquele que nos permite detectar um ambiente (agitado, calmo, tenso) e a ele nos adaptar; aquele que permite prestar atenção às nossas emoções e sentimentos, e detectar os dos outros; aquele que nos permite imaginar e ser criativas.

 Ritual da Melhor Amiga

✓ Vou deixar de olhar para tudo sem nada enxergar.
✓ Comprometo-me a observar para compreender, a fim de ter maior domínio sobre as coisas.
✓ Eu me felicito por aproveitar um bom momento e inscrevo-o na memória, associando-o a uma imagem, um som, um tato, um aroma, um sabor.

Hierarquize suas prioridades

" Uma pequena impaciência arruína um grande projeto. "

Confúcio

Você já redigiu listas para simplificar a sua vida (ver pp. 61-62): uma lista para saídas, uma de saúde, outra para não esquecer, uma lista de "prazeres"... e assim liberou a sua mente.

No momento de passar à ação, procure visualizar o quadro a seguir, a fim de otimizar o seu tempo, sem esquecer o essencial.

Evidentemente, a ideia é encontrar o equilíbrio e distribuir o tempo entre as casas do quadro, mas, pergunte-se honestamente: "Que casa eu privilegio no cotidiano?".

Na maioria das vezes, as mulheres que interrogamos respondem: "A casa 1, é claro, *importante* e *urgente*". Portanto, pense!

Na realidade, o trabalho a ser feito na nossa gestão do tempo diária é ganhá-lo nas casas 3 e 4, prioritariamente, mas também reduzir o tempo passado na famosa casa 1.

Portanto, você entendeu, é preciso privilegiar a casa 2, o que é *importante* e *pouco urgente*: lembre-se, é a lista de afazeres matinal.

É ter tempo para traçar o quadro "Inéditos da semana" para ganhar em serenidade pela manhã.

É reservar mais tempo para horários de piscina e cancelar outros compromissos em nossa agenda se em nossa lista de projetos constar a tarefa "ensinar a minha filha a nadar".

É organizar os nossos fins de semana para descobrir novos lugares e visitar casas, se nossa lista de projetos fizer menção a "reformar uma velha casa e mudar de cidade".

	Urgente	Pouco urgente
Importante	As tarefas que requerem menos de dois minutos, os imprevistos do dia, as atividades que afetam os outros se não as efetuarmos. → Fique atenta para que o seu dia não seja organizado em função desta casa, pois trata-se de uma solução cômoda: implica ficar presa ao cotidiano, ver resultados rápidos de ações a que já estamos acostumadas mas também evitar que nos confrontemos com nós mesmas, de algum modo.	As tarefas que sabemos serem necessárias, mas que tendemos a postergar perpetuamente por não terem caráter de urgência. As atividades que requerem planejamento, ordenação, sentido de antecipação e nos tornam eficientes a longo prazo. → São as tarefas mais rentáveis, são as atividades ligadas aos nossos projetos a médio ou longo prazo, aos nossos valores, aos nossos grandes objetivos de vida.
Pouco importante	As tarefas que resultam das expectativas dos outros. → Que consigamos delegá-las ao máximo para não sermos meras figurantes, mas sim verdadeiras protagonistas das nossas vidas.	As atividades-refúgio, as atividades sem importância, que oferecem relaxamento e criatividade e, por isso, são necessárias. → Mas também não é produtivo passar tempo demais nelas.

Algumas vezes, para ganhar tempo, estamos prontos para qualquer coisa!
"Vou enviar a minha declaração de imposto de renda mais tarde, porém, mais tarde é tarde demais: tempo ganho, doze minutos; tempo perdido, vinte horas de trabalho para pagar a multa."
"Vou fazer xixi depois da reunião. Ganhei uma cistite, até mesmo uma pielonefrite: tempo ganho, cinco minutos; tempo perdido, dez dias de hospitalização."
"Não, não quero fazer as atualizações no meu computador: tempo ganho, vinte minutos; tempo perdido, várias horas para me readaptar ao meu velho PC, porque o meu Mac está no conserto."
"Troco de jeans sem tirar os sapatos, não tenho tempo! Fico entalado, transpiro e banco o equilibrista. Na melhor das hipóteses: tempo ganho, dois minutos; tempo perdido, vinte minutos. Na pior das hipóteses: tempo ganho, cinco minutos; tempo perdido, um mês de imobilização!"

Torne-se mais eficiente

A vantagem da idade (sim, ela existe!) é que reconhecemos o que é da ordem do inato ou do adquirido. O inconveniente é que nos servimos dessa nuance para justificar as nossas pequenas manias:
- "Sempre verifico duas vezes se fechei a porta com a chave porque o meu pai sempre nos pedia para verificar."
- "Nunca uso saia porque não gosto de sentir frio nas pernas."
- "Sou uma nulidade em matemática porque toda a minha família é nula em matemática."
- "Eu preciso de oito horas de sono, então meus filhos também precisam."
- "Deixo as portas dos armários abertas porque me sinto menos fechada."

Da mesma forma, a obstinação por ter uma casa impecável, os filhos indo dormir às 19h46 e extremamente educados, uma carreira profissional irrepreensível com promoções a cada quatro anos, etc., decorrem, talvez, de uma forma ideal e de certa imposição social.

Enumere todas as suas manias. Se for necessário, peça ao seu marido ou aos seus filhos (se forem crescidos) para citarem algumas. Mas não se exaspere! Aceite com bom humor e pense, principalmente, na libertação que vai sentir quando você parar de deixar as portas de armário abertas e de chocar-se nelas. Se tiver alguma dificuldade, liste todas as ações recorrentes que você pratica "porque é preciso fazer".

Anote, no seu caderno de sucessos, todas as manias que você deseja suprimir porque fazem com que se sinta psicologicamente rígida, burguesa, velha, etc.

"A gente não nasce com um pedaço de flanela na mão... muito embora eu tenha me perguntado isso!
Mas, quando uma das minhas gêmeas, então com 2 anos, estendeu um pano rosa de limpeza de microfibra para mim e disse: 'Tome, mamãe, o seu dodô', dei-me conta da imagem que eu passava para ela. E que imagem! Mulher submissa, mãe indisponível, etc.
O que significava aquela necessidade de limpar tudo? Evidentemente, reproduzir o esquema materno, mas também dominar aquilo que se vê para impressionar a galeria. A partir dessa tomada de consciência, libertei-me daquela imposição e instaurei um ritual: concedo-me um quarto de hora de limpeza (o meu marido chama isso de 'harmonia exterior') quando as crianças estão em casa, e meia

HORA QUANDO NÃO ESTÃO. PARA A FAXINA GERAL, BUSCO AJUDA OU PROGRAMO-A NA MINHA AGENDA PARA QUANDO OS FILHOS ESTÃO EM FÉRIAS OU EM UM ANIVERSÁRIO. NÃO DEIXO MAIS A VASSOURA TIRAR DE MIM A ALEGRIA DE UM JOGO COLETIVO COM OS MEUS FILHOS."

Ser mais eficaz é também saber avaliar o tempo reservado para cada tarefa. Os especialistas na gestão do tempo são unânimes neste ponto: quando se trata de estimar o tempo necessário para realizar alguma atividade, a maioria das pessoas é incorrigivelmente otimista.

Geralmente, é realista multiplicar por três a nossa primeira estimativa. Por exemplo, se você calcula que fazer a triagem das roupas da família vai levar uma hora, é muito provável que, na realidade, leve três!

√ Para ter uma visão mais realista do seu tempo, anote, durante uma semana inteira, quanto tempo você calcula gastar para cada tarefa cotidiana (utilize, por exemplo, o "quadro de tarefas cotidianas" da casa, p. 56). Quando você o tiver efetivamente executado, anote o tempo real que elas tomaram.

√ No final da semana, você poderá tirar as suas conclusões com fundamento! Quanto às tarefas repetitivas, irá chegar a uma medida quase exata e, quanto às demais tarefas, chegará a uma estimativa (por exemplo, para escrever a introdução de um livro escrito a quatro mãos, conte 24 horas!).

√ Dessa maneira, pouco a pouco, você progredirá na sua gestão diária do tempo ou aprenderá a não carregar o mundo nas costas.

Chega de carregar o mundo nas costas!

"Em uma época remota, eu adorava ver a roupa bem passada e dobrada nos armários. Isso me tomava quatro horas por semana. Depois que foi feita essa tomada de consciência, simplesmente me esqueci disso, a fim de passar mais tempo fazendo outras atividades.

Vocês estão preocupados com o estado das minhas roupas?

Eu privilegio as peças que não se amarrotam, as blusinhas, em vez das camisas. Esqueço-me de passar as roupas das crianças. Uso o meu curinga 'atitude míope': tiro os óculos ou as lentes de contato e olho o vazio dos meus armários dizendo que tudo vai bem!"

 Ritual da Melhor Amiga

✓ Vou deixar de perder tempo com velhos hábitos enraizados em mim.
✓ Eu me comprometo a ficar atenta a essas manias.
✓ Eu me felicito por reservar uma página do meu caderno de notas para anotar o tempo que passo cumprindo as minhas tarefas.

Avaliação da semana

Desta semana, vou guardar as formas de alívio e de recuperação do controle, e também as seguintes orientações:

- agir sobre o que o meu ambiente me impõe, aliviando-me e buscando absorver nos outros energia para facilitar-me a vida, torná-la mais alegre e ganhar serenidade;

- apostar naquilo que posso controlar, redistribuindo as cartas e os papéis ao meu redor, liberando a minha mente e otimizando o meu tempo e o meu espaço, vivendo no presente enquanto otimizo o meu tempo.

3ª SEMANA

ndo em frente, segura de si

Objetivo: agir sobre aquilo que controlamos e dominamos, e apostar em nós mesmas para aproveitar a vida.

CHEGA DE CARREGAR O MUNDO NAS COSTAS!

CAPÍTULO 7
Praticando exercícios

Você sabia que, se evitasse dar importância aos sentimentos negativos, seria mais receptiva à felicidade? Seria mais ou menos como se você liberasse o seu "tempo de cérebro" disponível para a alegria.

Perfil de campeã

Observamos as técnicas de preparação mental que permitem aos atletas se tornarem campeões, apesar dos seus fracassos, dos seus problemas pessoais ou da pressão midiática. Um dos mecanismos que utilizam para progredir é abstrair todas as ideias que os limitem na expressão do seu talento, da sua concentração e da sua motivação. Por exemplo: "Perdi o meu jogo anterior", "O adversário é mais leve, mais forte...", "Sempre que chove, eu perco", ou então "Nenhum outro time ganhou aqui", etc.

Mas como eles fazem, concretamente?

Graças à concentração, à calma e ao hábito, visualizam o melhor de si mesmos ou o que pode infundir-lhes segurança (um desempenho, um sucesso, a sua trajetória, etc.).

E você, o que pretende fazer?

Onde quer que esteja, feche os olhos. Concentre-se na sua respiração e nas percepções do seu corpo – boas ou más: "Estou com dor nos pés", "Oba, hoje não estou com dor nas costas", "Estou me sentindo bem nesta calça", "Estou sentindo o meu corpo se relaxar", etc.

Concentre-se em elementos presentes e concretos, a fim de não deixar a mente divagar em ideias negativas.

Visualize a mulher formidável que você é, reviva tudo o que fez pela manhã: levantar-se, tomar banho, arrumar-se, preparar e arrumar o café da manhã, vestir as crianças, levá-las à escola, ir para o trabalho, sorrir polidamente, receber notícias, responder aos e-mails, animar uma reunião, resistir aos distribuidores de guloseimas, etc.

E aceite este cumprimento: você é uma campeã!

Agora é com você!

Pratique com entusiasmo este exercício que intitulamos "Adoro elogios!". Ele não consiste em mandar-lhe flores, mas em reativar a consciência dos seus pontos fortes e talvez descobrir alguns que você ignorava.

Crie uma pasta "Elogios" no seu computador e salve um arquivo com todas as apreciações positivas que recebeu dos seus chefes, dos clientes, dos amigos, dos admiradores ou da família (até mesmo as do seu pai, que nem sempre são objetivas!).

Assim, você poderá relê-las facilmente quando estiver precisando reavivar a sua autoestima. Se não tiver uma reserva de elogios, faça o exercício a seguir, respeitando as três etapas. Ele foi tirado de uma atividade muito comumente aplicada em avaliação de competências, denominada "Questionário 360°" ou "Questionário espelho".

- Etapa 1. Procure entre cinco e dez pessoas conhecidas, cuidando para que estejam representadas as suas esferas familiar, profissional e de amizades. Escolha pessoas que você estima e com as quais você pode contar.
- Etapa 2. Explique a elas o que pretende: Você está refletindo sobre o seu posicionamento pessoal e precisa saber o que elas

apreciam em você quando está colaborando ou simplesmente convivendo com elas.

- Etapa 3. Proponha-lhes responderem ao questionário que guiará a reflexão delas e que você deseja completar primeiro para si mesma, a fim de comparar a sua opinião com a que os outros têm a seu respeito.

Questionário: identifique as cinco qualidades que mais correspondem a você e relacione-as com exemplos de situações em que elas se destaquem:

- Ambição
- Autoridade natural, liderança
- Capacidade para assumir riscos
- Autoconfiança
- Seriedade, confiabilidade
- Meticulosidade, senso de detalhe
- Discrição, reserva
- Espírito de iniciativa
- Facilidade de contato
- Faculdade de adaptação
- Faculdade de escuta
- Gosto do desafio
- Imaginação
- Independência, autonomia
- Intuição
- Otimismo
- Capacidade de trabalho
- Resistência à frustração, ao fracasso
- Resistência ao estresse
- Respeito aos costumes sociais
- Senso da eficácia
- Respeito pela hierarquia
- Senso de realidade
- Senso de trabalho em equipe
- Sensibilidade à opinião alheia
- Estabilidade de comportamento
- Tolerância
- Vontade e perseverança

Entre as qualidades que você assinalou, escreva nas linhas a seguir as que mais caracterizam você, assim como os exemplos com os quais tenha se identificado.

1. ....

2. ....

3. ....

4. ....

5. ....

Você também pode escolher de um a três qualificativos que lhe pareçam pontos em que progrediu, indícios de melhora:

1. ....
2. ....
3. ....

Você também pode acrescentar ideias que lhe vêm à mente quando pensa em você:
- Em que função (funções) você se imagina?
- Se fosse um animal, uma cor, uma personagem célebre... Qual você escolheria e por quê?

Na maioria dos casos, as pessoas que realizaram esse exercício ficaram surpresas com os resultados, intrigadas pela "liderança", por exemplo, que lhes atribuíam enquanto pensavam ter somente uma pequena confiança em si mesmas, e isso foi uma fonte de inspiração na continuação do seu percurso.

"Eu estava hesitante em me inscrever em um curso para trabalhar como professora, pois me considerava tímida e me questionava se poderia me impor perante um grupo e transmitir meus conhecimentos, mesmo que hoje eu tenha um bom nível de especialização sobre o meu tema. O que me fez tomar a decisão foram as respostas dos meus colegas e do meu gerente a quem eu pedira para preencher o meu questionário espelho. Sem evocar o meu projeto, eles citaram, como exemplo, um seminário em que eu havia participado alguns meses antes, destacando a minha capacidade de saber simplificar coisas complicadas, de me expressar com facilidade e convencer. Foi o que me deu a centelha de confiança de que eu necessitava."

- ✓ Visualize e adote como modelo as pessoas do seu meio (vamos chamá-las de "seus heróis do cotidiano") que superam obstáculos de maneira construtiva, que sabem adotar o comportamento certo no momento certo... imagine o que elas fariam em uma situação que você não consegue resolver.
- ✓ Procure identificar as suas técnicas de tomada de decisão e de comunicação, a maneira como estabelecem planos de ação e inspire-se nelas.
- ✓ Por exemplo, quando me pergunto "Para quê?" (toda a energia gasta para ser eficiente, organizar, planejar, educar os filhos, etc.), eu visualizo o pai da família Gilbreth no romance *Treize à la douzaine* (especialista da economia dos movimentos) e, em particular, o seu objetivo final: "Mas por que querer economizar todo esse tempo? O que você quer com ele?
  – para trabalhar, se é o que você gosta de fazer;
  – para a ciência, para a beleza, para a arte, para o prazer;
  – ou para jogar bolinhas de gude, se o coração lhe pedir!"
- ✓ Quando quero me tornar uma gerente incentivadora, visualizo um dos meus ex-chefes e as técnicas que ele usava para me pôr para cima: "Mas, enfim, tudo o que você faz sempre fica bom, mande-me só dez linhas sobre o assunto esta noite e eu direi o que penso". Ele estava apenas procurando me incitar a tomar posse do dossiê, e o que eu mandava para ele estava quase terminado, esboços de soluções incluídos.
- ✓ Quando estou quase gritando com os meus filhos ou me decepciono com um comportamento deles, visualizo outra criança no seu lugar (uma sobrinha, um dos seus amigos, a criança que eu fui). É o que faz a pressão baixar imediatamente.

 Ritual da Melhor Amiga

✓ Chega de pensar que não sou competente.
✓ Comprometo-me a criar uma pasta de elogios.
✓ Eu me felicito por inspirar-me em meus heróis do cotidiano para progredir.

Aceite a realidade

Certas percepções são a marca da sua falta de autoconfiança, por isso, elimine-as! Elas nos desmotivam em menos de dois segundos, ao passo que, às vezes, precisamos de mais de 86.400 deles (ou 24 horas) para nos motivar. Essas percepções são fáceis de repelir porque, com frequência, ao pronunciá-las em voz alta, elas se mostram exageradas.

Pronuncie, por exemplo, em voz alta e diante de alguém, se possível:
- "Eu estou enorme!"
- "Esta casa é uma verdadeira baderna!"
- "Não aprendi absolutamente nada nessa reunião!"

Depois, escute corajosamente a opinião de quem ouviu as suas percepções.

Você verá como, muitas vezes, ela é bem diferente daquilo que você admitiu como verdade.

 Agora é com você!

Quando você se encontrar diante de uma situação que a invade, que a desorienta ou exaspera, se for possível, fotografe-a com o seu smartphone. Depois, olhe a foto e repense no que a afligiu, por exemplo:

- "A minha casa é uma verdadeira baderna!" = na foto há um quebra-cabeça e desenhos no chão. Não há drama.
- "Eu estou enorme!" = na foto, não pareço um manequim, mas tampouco irei consultar imediatamente um especialista em obesidade.
- Etc.

Comparar a sua primeira percepção (o "à primeira vista") e o que você vir na foto vai ajudá-la a tomar a distância necessária para não acrescentar estresse ao seu cansaço, ou vice-versa.

Se não puder fotografar a cena, você deverá recorrer às suas imagens mentais para sair dessa situação.

Esqueça aquela reunião enfadonha que durou horas e pense mais no momento em que o seu chefe a agradeceu diante de todos e, no final da reunião, felicitou-a pelo trabalho.

Não permaneça em situações que só são reais na sua mente cansada. Para tanto, institua momentos de descontração para desligar-se física e mentalmente, para não passar de um contexto a outro ou para ficar no momento presente.

Respire profundamente de cinco a dez vezes, feche os olhos, visualize um lugar onde você se sente bem, o mar, a montanha, a floresta, e escute a sua respiração. O fato de se concentrar em sensações produzidas por uma respiração profunda é tão benéfico quanto uma boa massagem!

As percepções exageradas da realidade maximizam o negativo, minimizam o positivo e aumentam consideravelmente o seu nível de estresse. São consumidoras de tempo e de energia.

Com o atleta, essa situação é regularmente observada em um período de estresse (perda de um jogo ou de uma competição). Quando um atleta não consegue aquilo que esperava e para o qual havia se preparado, ele entra em uma "zona de pânico": a sua percepção torna-se pior, ele atribui a derrota a si mesmo e a todos ao seu redor.

Em contrapartida, quando aceita o seu fracasso, vai transformá-lo em um desafio e mobilizar os seus recursos mentais (respiração, concentração, imagens mentais, etc.) para obter êxito.

Algumas vezes, os atletas têm objetivos demasiadamente elevados, trabalham duramente por muito tempo e se submetem à sua atividade, em vez de dominá-la. Frequentemente, a sua motivação exagerada provoca uma distorção da realidade, um estresse importante e a falta de autoconfiança.

Isso lembra algo para você?

Observe, então, o esquema a seguir. É o círculo no qual nos fechamos quando estamos no piloto automático. Note também que o quadro em rosa lhe oferece uma porta de saída, que representa a reação mais apropriada para o seu bem-estar e a sua felicidade. Essa porta permite que você não fique imobilizada nas suas falsas percepções, que a desanimam e cansam.

A porta de saída é a concretização desses 21 dias para deixar de carregar o mundo nas costas. É o símbolo da sua capacidade de reagir para se preservar e preservar os outros, a sua autoconfiança para seguir sempre em frente na sua vida e brilhar de felicidade.

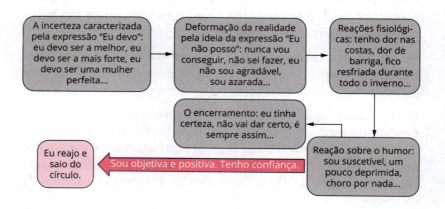

Ritual da Melhor Amiga

✓ Chega de cantar hinos de guerra e exagerar em tudo.
✓ Comprometo-me a praticar regularmente a respiração profunda.
✓ Eu me felicito por ser objetiva e deixar de distorcer a realidade.

CAPÍTULO 8
Revelando-se

As nossas tarefas diárias são tão numerosas que, às vezes, nem lembramos por que as efetuamos. "Que sentido isso tem para mim?", "O que me acrescenta fazer isso?", "Que valor me agrega fazer isso?", etc.

Entretanto, atribuir valor ao que fazemos é tornar o nosso cotidiano mais motivador e valorizado. É dar-lhe sentido ao inscrever as nossas ações em uma visão de longo prazo.

Descubra os seus próprios valores

No decorrer das etapas que transpusemos para deixar de carregar o mundo nas costas, verificamos que, quando valorizamos as nossas ações, mesmo as mais simples, temos um sentimento de realização pessoal e de bem-estar.

Estudamos o sistema de valores de Shalom Schwartz, sociólogo e criador de um modelo de valores universais, a fim de elaborarmos nossa própria lista de valores familiares.

Veja o sistema no quadro a seguir e identifique os valores que você considera importantes e deseja inserir no seu dia a dia.

S. Schwartz	Autoras
Autonomia	Auxílio mútuo
Estimulação	Entusiasmo
Hedonismo	Cuidar de si
Sucesso	Vitória
Poder	Conhecimento
Segurança	Amor
Conformidade	Modelizar
Tradição	Ritual
Benevolência	Benevolência
Universalismo	Desenvolvimento familiar durável

Esse sistema de valores nos permite realmente dar sentido às nossas ações cotidianas e baseá-las em princípios que nos parecem justos. Por exemplo: "Vou preparar a ceia de Natal = Estou preservando o desenvolvimento familiar durável. Faço os meus filhos desfrutarem da riqueza da mistura de gerações", ou então: "Tiro o tempo para informar aquela mulher perdida na rua = mostro aos meus filhos, pelos meus atos, o que significa a benevolência", ou ainda: "Vou ao cabeleireiro = Eu me amo e me respeito", etc.

"Pois é, não é fácil praticar o meu jogging com a minha filha de 8 anos que já começa reclamando, me atrasa, me impede de me exercitar como eu gostaria, mas faço isso para transmitir a ela o meu gosto pelo esporte (estimulação) e fazê-la conscientizar-se dos benefícios que obtemos dele (hedonismo). Faço-o também como lembrança das sessões de ginástica forçada com o meu pai (tradição), que hoje são recordações felizes."

Para criar o seu próprio sistema de valores, instale-se confortavelmente na sua sala com o seu caderno de anotações e o seu lápis. Faça um chá e respire profundamente por cinco minutos.

Deixe a mente divagar em torno destas cinco questões:
- Além do sucesso, o que conta realmente para mim?
- Que mensagem desejo transmitir aos meus filhos?
- O que une a minha família?

Tente fazer a triagem entre o que é importante e o que é essencial para você. Nessa lista dupla, estão latentes os valores que são seus, os que a definem, que a unem à sua família, aos seus amigos, e que poderão ser úteis para que você se sinta bem no seu trabalho.

Convidamos você a anotá-los com as suas próprias palavras, pois é importante que você os adapte para compartilhá-los da melhor forma com a sua família. Aliás, é possível que o seu marido e os seus filhos completem a lista com os seus próprios valores, o que irá enriquecê-la.

Tente também identificar se há diferença entre o peso que você atribui a um ou outro valor e o lugar que ele ocupa realmente na sua vida. Isso a ajudará a elaborar o seu próprio quadro de valores.

Assim, a partir dos seus valores e os de toda a família, crie um quadro que você poderá completar com ações concretas. Depois, pregue-o na geladeira, na porta do armário da entrada, enfim, em um lugar onde ele possa ser consultado por todos, talvez ao lado do seu slogan ou da sua mascote familiar?

Esse quadro vai ser o seu curinga no momento de discórdia, o seu cartão amarelo quando houver excessos familiares. Será, principalmente, um verdadeiro recurso para alimentar a sua autoestima.

Nossos valores para o ano	Ações concretas correlacionadas à nossa família
Amor	Deixar palavrinhas de amor debaixo do travesseiro de cada um.
Sucesso	Oferecer boas férias à família: encontrar um lugar que melhor reúna as nossas vontades.
Segurança	Não mudar de emprego ao mesmo tempo que o seu marido.
Desenvolvimento durável	Fazer triagem dos brinquedos com os filhos e usar tempo para identificar juntos uma associação à qual os brinquedos serão doados.
Amar a si mesma	Reservar uma noite para mim.

ALGUÉM CONTOU...

"Tive a felicidade de ter uma avó adorável, afetuosa e incentivadora, generosa em elogios. As coisas nem sempre foram fáceis para ela, pois teve de reconstruir a sua vida com o marido e os sete filhos no momento em que os mais velhos começavam os estudos e sem um centavo de economia.

Antes de morrer, escreveu uma carta endereçada aos netos explicando a eles que tentara, durante toda a vida, ser fiel aos seus valores, que isso lhe proporcionara uma verdadeira felicidade e que esperava ter sabido transmiti-los a eles. Ela não disse quais eram esses valores, mas foi fácil para nós adivinhá-los: amor da família, benevolência para com os outros, alegria, não ficar insistindo no que passou e seguir em frente.

Penso que o seu sistema de valores lhe permitiu ficar de acordo consigo mesma, facilitar-lhe as escolhas e dar um sentido à sua vida."

CHEGA DE CARREGAR O MUNDO NAS COSTAS!

√ Chega de desvalorizar as minhas ações.
√ Comprometo-me a escrever quais são os meus valores e orgulhar-me deles.
√ Eu me felicito por dar um sentido ao meu cotidiano.

Liberte-se das crenças limitantes

> As nossas crenças – ou melhor, o nosso sistema de crenças – são constituídas de todas as ideias que são nossas e que consideramos como verdadeiras.

Nos paysages intérieurs,
ces idées qui nous façonnent,
Sylvie Tenenbaum

A vida nos marcou com crenças que podem ser profundas ou superficiais e, em qualquer um dos casos, limitantes. Elas têm origem na nossa história pessoal, às vezes na nossa infância, até mesmo em hábitos, em maneiras de agir dos nossos pais.

Essas crenças limitantes são formadas daquilo que ouvimos dizer de nós quando éramos crianças ("É o bebê da família", "É a desajeitada", "Ela não tem medo de nada", etc.). Elas ressoam tanto mais em nós quando as ouvimos na terceira pessoa. Então, à informação recebida, acrescentamos uma dose de mistério ("Será mesmo de mim que estão falando?"), que amplifica a descrição ("Eles têm razão, eu sou a mais desajeitada de toda a família").

Essas crenças são formadas também daquilo que nos disseram e repetiram na infância, e também desde a infância até agora ("Você nunca termina as coisas", "Você nunca soube o que queria fazer na vida", "Você está sempre rodeada de gente ruim", "Você nunca foi forte em matemática", "Você não tem gosto para se vestir", etc.).

Elas são fortes quando ditas por nossos pais mas também podem ser impactantes quando pronunciadas com insistência por professores, por um vizinho, uma tia-avó... ("Meu pobre filho, não é desse jeito que você vai vencer na vida!").

"Fui a última a nascer. Sou a caçulinha, aquela a quem chamavam de 'o bebê da casa'. Sou a terceira filha e uma de minhas irmãs é seis anos mais velha do que eu, e a outra, nove anos. Contam que meu pai levou 48 horas para me registrar porque queria um menino e que estava decepcionado, que o meu nome foi cochichado aos meus pais pela parteira por falta de inspiração para uma menina, e que eu era bem feia. A bagagem é pesada, mas eu parto armada com uma força de caráter que me valeu, na adolescência, outro apelido, 'Arlette Laguiller'.[1] Estou tentando encontrar o meu lugar no mundo, assisto aos jogos de futebol, participo de caçadas e pratico esportes mistos.
Adolescente, assumo riscos como os rapazes (off-track, corrida de velocidade em carro, salto em esqui), estou sempre em busca da perfeição. Adulta, finalmente me acalmo com os meus próprios filhos.
Foi preciso um pouco de trabalho sobre mim mesma e muito amor (obrigada, meus amigos; obrigada, meu querido) para me livrar das minhas crenças e começar a aproveitar a vida. Como faço sempre demais em casa, preciso também de energia e de organização. A saída, vocês sabem, está em suas mãos!"

---

[1] Representante política trotskista francesa, candidata por seis vezes à presidência da França. [N. do E.]

Mas nem sempre essas crenças são negativas, bem ao contrário. Podem impulsionar a vida de uma mulher, impelindo-a diariamente a construir, a vencer e a fazer crescer a sua família.

A história de um incrível atleta que sempre acreditou e sempre soube!

Antoine Dénériaz nasceu sobre esquis. Participa de sua primeira Copa do Mundo aos 20 anos e consegue fazer parte, pela primeira vez, da seleção para os Jogos Olímpicos de Inverno de Salt Lake City, em 2002. De dezembro de 2002 a dezembro de 2004, Antoine ganha três Copas do Mundo, sobe em seis pódios e torna-se um dos maiores especialistas em descida do mundo. Infelizmente, no dia 7 de janeiro de 2005, ele cai na descida de Chamonix e é operado cinco dias depois em virtude da ruptura do ligamento cruzado no joelho esquerdo. Daí, inicia-se para ele uma corrida contra o relógio, a fim de retornar para os Jogos Olímpicos de Inverno, de fevereiro de 2006. Enquanto os especialistas o consideram um caso perdido, Antoine Dénériaz consegue a medalha de ouro da descida.

Nenhum esquiador conseguiu se recuperar tão depressa de semelhante lesão. Ele conta que, durante toda a sua convalescença, jamais deixou de acreditar que as vitórias ainda eram possíveis e nunca deu ouvidos aos que o julgavam acabado (imprensa, amigos, médicos). Sempre se visualizou na descida dos Jogos Olímpicos de Turim, e no pódio!

Agora é com você!

Se o que acabou de ler ressoa em você, faça o jogo da lata de lixo. Se você está se sentindo muito importunada por crenças que considera limitantes, pegue algumas folhas de papel, descreva cuidadosamente cada uma delas (uma crença por folha) e escreva: "Eu me recuso a... ser a Cinderela da família, a ser a mais tímida, a ser a mais simpática, etc.". Releia em voz alta, concentrando-se no que está escrito em cada folha. Depois, amarrote o papel e jogue-o na lata de lixo, prometendo respeitar o seu propósito.

 Ritual da Melhor Amiga

√ Chega de ficar presa a crenças que impedem o meu desenvolvimento.
√ Comprometo-me a recusá-las simbólica e efetivamente.
√ Eu me felicito por me revelar!

Identifique a "voz interior"

Em situações de risco, de grande atividade ou de grande estresse, todas nós reagimos automaticamente a "vozes interiores", como: "Eu tenho de estar perfeita para essa reunião", "Sem esforço, não conseguirei nada", "Se eu não fizer como ele gosta, ele não irá gostar de mim", etc. Essas vozes que lhe vêm espontaneamente podem ter origem nas injunções ouvidas na sua infância: "Ande logo!", ou em doutrinas familiares, como: "Na vida, não se consegue algo fazendo nada!", bordões que você repete intimamente: "Só posso confiar em mim mesma", etc.

Essas vozes são respostas prontas que você usava em um outro período da sua vida, mas que não se adaptam mais aos seus problemas atuais, pelo contrário: hoje, limitam o seu comportamento, mas, como contêm uma partícula de verdade, elas a "pegam de surpresa". Na verdade, se essas vozes não são eficazes, tampouco a impedem de avançar, tanto para o bem como para o mal. Então, você continua a ouvi-las, sem questioná-las.

Propomos a você que, ao responder às perguntas a seguir, identifique as suas vozes interiores. E para responder da forma mais precisa e objetiva possível, utilize esta escala:

- 0: "Não sou eu."
- 1: "Raramente sou eu."
- 2: "Às vezes sou eu."
- 3: "Muitas vezes sou eu."
- 4: "Realmente sou eu."

		0	1	2	3	4
1	Sempre tenho a impressão de lutar contra o relógio.					
2	Penso que o esforço é mais importante que o resultado.					
3	Penso que, na vida, devo me virar sozinha.					
4	Para iniciar uma tarefa, eu preciso de todas as informações.					
5	É importante que os outros sejam benevolentes comigo.					
6	O estresse me vicia.					
7	Muitas vezes tenho medo de não ser capaz.					
8	Sou muito exigente comigo e com os outros.					
9	Para ficar satisfeita, tenho de ser excelente.					
10	Para ser amada, presto serviço aos outros mais do que a média.					
11	Não posso delegar porque os outros são muito vagarosos.					
12	Tenho de gastar muita energia para fazer as coisas.					
13	Não tenho facilidade de expressar as minhas emoções.					
14	Para ser eficiente, a tarefa deve estar perfeita.					
15	Para o meu chefe, estou disponível, mesmo em minha casa.					
16	Falo depressa.					
17	Tenho sentimento de opressão, medo de explodir e de me entregar.					
18	Gosto de realizar tarefas nobres.					
19	Os fatos, os números e a lógica são os reais valores.					
20	É preciso dizer às pessoas o que elas querem ouvir.					
21	Tenho vontade de interromper as pessoas para terminar as suas frases.					
22	Há muito tempo tenho a sensação de ser responsável pelo que acontece com os outros.					
23	O diálogo intelectual é a esfera em que me sinto bem.					

		0	1	2	3	4
24	A exatidão a qualquer preço é o preço da minha imagem.					
25	Gosto de saber que um colega precisa de mim.					
26	Digo com frequência: "Depressa... sim... sim... e então".					
27	Os outros dizem que me queixo muito.					
28	Gosto do que recorre à lógica.					
29	Tenho de fazer o meu interlocutor pensar que sei tudo.					
30	É preciso saber se esforçar ao máximo.					
31	Fico andando de um lado para outro quando estou à espera de algo.					
32	As pessoas vêm até mim sem que eu peça porque me acham gentil.					
33	Tenho dificuldade para confiar e me entregar.					
34	Para mim, uma objeção é sinal da minha incompetência: então, tenho de fazer tudo certo para não ser criticada.					
35	Gosto de ajudar os outros.					
36	Muitas vezes fico tamborilando com as mãos ou com os pés.					
37	Eu crio situações confusas em que passo por idiota e impotente.					
38	A maneira como os outros me julgam pelo que faço é muito importante para mim.					
39	Sou convencida de que sou a melhor.					
40	Não sei dizer não.					
41	Faço tudo muito depressa, e isso me faz errar por falta de atenção.					
42	Quanto esforço para responder a todas essas perguntas!					
43	Sinto-me segura quando não me envolvo emocionalmente.					
44	Enquanto uma tarefa não é feita como eu imaginava, começo tudo de novo.					
45	Gosto de fazer o papel de confidente.					
46	Não consigo ficar inativa e, quando é preciso, faço várias coisas ao mesmo tempo.					

1ª SEMANA

2ª SEMANA

3ª SEMANA

		0	1	2	3	4
47	Minha mãe sempre me dizia: "Com um pouco mais de trabalho...".					
48	Em uma tarefa coletiva, não gosto que deixem de respeitar o tempo, o objetivo e que façam digressões.					
49	De meus colaboradores, espero que façam exatamente o que lhes peço.					
50	Ao responder a essas questões, pergunto se as respostas correspondem mesmo ao que esperam de mim.					

No quadro a seguir, preencha com os pontos correspondentes a cada pergunta e some o total de pontos de cada coluna.

Dona "Fortaleza"		Dona "Gentileza"		Dona "Esforçada"		Dona "Apressada"		Dona "Perfeccionista"	
Q	Pontos	Q	Pontos	Q	Pontos	Q	Pontos	Q	Pontos
3		5		2		1		4	
8		10		7		6		9	
13		15		12		11		14	
18		20		17		16		19	
23		25		22		21		24	
28		30		27		26		29	
33		35		32		31		34	
38		40		37		36		39	
43		45		42		41		44	
48		50		47		46		49	
Total		Total		Total		Total		Total	

- A dona "Fortaleza" tem a impressão de que deve se virar sozinha. Rejeita os sentimentos e tem dificuldade para expressar o que sente. A sua disciplina interior é bem rígida.

- A dona "Gentileza" não sabe dizer não. Funciona sem prioridades, com o objetivo de ser amada pelo que faz.
- A dona "Esforçada" tem medo de não ser competente. Ela dá a impressão e acredita que é preciso trabalhar duramente. Para ela, a vida não é um mar de rosas.
- A dona "Apressada" vive lutando contra o relógio. É viciada em estresse. Gosta de fazer diversas atividades ao mesmo tempo.
- A dona "Perfeccionista" quer saber de tudo, controlar tudo. Quer ser a melhor até no mínimo detalhe.

Agora que você identificou qual é a voz interior que lhe chega aos ouvidos, descubra as causas de estresse associadas e como remediá-las:

- Dona "Fortaleza":
- – Sobrecarrega-se.
- – Aceita mais tarefas do que pode executar.
- – Vive em permanente tensão.
- – Não quer admitir que tem limites.

Para sentir-se melhor, a dona "Fortaleza" deve cuidar de si mesma (bem-estar), ser mais maleável consigo e com os outros, ter mais contato com as suas emoções, aceitar contar com os outros.

- Dona "Gentileza":
- – Perde muito tempo em contatos inúteis.
- – Deixa-se invadir por todas as solicitações.
- – Segue à mercê dos acontecimentos, sem estabelecer prioridades.

Para sentir-se melhor, a dona "Gentileza" deve determinar objetivos que sejam seus, aprender a dizer não e preparar-se para isso, permitir-se ter prazer e fazer, a cada dia, algo importante para si mesma.

- Dona "Esforçada":
- – É desorganizada e desordeira.

– Faz diversas atividades ao mesmo tempo.
– Trabalha demais.

Para sentir-se melhor, a dona "Esforçada" tem de fazer escolhas que sejam suas, sempre procurar saber como simplificar, fazer uma só atividade de cada vez, encontrar ocasiões para relaxar.

- Dona "Apressada":
– O essencial é fazer tudo atentando-se aos detalhes e muito rapidamente.
– Nunca tem tempo.
– Chega atrasada.
– Às vezes resolve perambular e vai bem devagar (por rebelar-se contra a mensagem da sua voz interior: "Depressa").

Para sentir-se melhor, a dona "Apressada" tem de determinar as suas prioridades, dedicar mais tempo ao planejamento e ao controle, programar com antecedência seis pausas de dez minutos por dia para relaxar.

- Dona "Perfeccionista":
– Faz e refaz diversas vezes.
– Tem um emprego do tempo preciso e rígido.
– Passa tempo demais fazendo um trabalho.

Para sentir-se melhor, a dona "Perfeccionista" tem de pensar que não é obrigada a saber de tudo, admitir cometer erros, fazer deliberadamente todos os dias algo imperfeito, treinar ser mais rápida, concentrar o seu perfeccionismo no que é importante.

Apresentamos alguns exemplos de renúncias soprados por nossas amigas:
- A imposição "Uma boa mãe você será": Pauline queria fazer tudo bem – um trabalho cativante e técnico, dar conta de responsabilidades importantes em relação aos clientes, voltar para casa sem cansaço e disponível para dar banho nas crianças e preparar

para elas boas comidinhas caseiras. Seis meses depois do seu retorno da licença-maternidade do segundo filho, já totalmente esgotada, decide desistir dos cuidados diários e daquela voz interior que lhe soprava que era uma condição *sine qua non* para ser boa mãe. Então, confia à sua babá o banho e o jantar, e chega em casa mais tarde, é verdade, mas sem papéis para revisar até as 22 horas, e desfruta de uma hora alegre com os filhos, durante a qual ela está realmente ali para eles. Pensamos, como Pauline, que mais vale brincar com os filhos e ter o carinho deles que uma mãe em alta voltagem, que se divide entre secar os cabelos e preparar o jantar dos filhos.

- A imposição "Cinco frutas e legumes por dia": Juliette sempre diz: "É melhor um prato de legumes crus divertido (couve-flor ao molho branco de queijo, ketchup, rabanete, fatias de pão, pepino em cubos, tomates com sal, pedacinhos de maçã) do que um de abobrinhas assadas com cebola que, de qualquer maneira, as crianças achariam horrível".

- A imposição "Reveja e corrija suas pastas de trabalhos": Hélène é o exemplo de boa aluna. Detesta a mediocridade. Dedica-se intensamente aos papéis do seu trabalho, relê, corrige, completa e volta a reler. Ela nos conta como conseguiu aliviar um pouco a carga do seu nível de exigência depois que nasceram os filhos: "Atualmente, aplico dois princípios de trabalho: colocar o meu cursor na escala do sucesso em 80%, em vez de 100% ou 120%, e me conceder um tempo limite para realizar uma ação. Esse método funciona e me dá um real sentimento de eficiência".

- A imposição "Faça uma bela carreira": Marie deixou a empresa em que se saía muito bem, mas que lhe sugava toda a energia, a fim de criar a sua própria atividade, sob o preço de um salário menor: "Disse a mim mesma que o tempo passado com os meus filhos não seria recuperado. Disse também que sempre teria a possibilidade de, aos 40 ou 50 anos, dar um novo rumo à minha carreira".

Não viva apenas em função das obrigações

Se você der ouvidos demais às opiniões das pessoas do seu meio, aos preconceitos, àquilo que lhe inculcaram e, às vezes, às suas vozes interiores ("Seja boa mãe", "Seja educada", "Diga muito obrigada", "Não se deve reclamar de dinheiro", "Seja forte", "Assuma", etc.), você ficará exausta tentando resolver a equação impossível: Carreira brilhante + Família perfeita + Vida social intensa + Eu modelo = Felicidade absoluta.

Se a única imagem que temos de nós mesmas e da vida que deveríamos levar decorrer dessa imposição social, então nós nos enxergamos em um espelho deformante, somos apenas uma projeção do que os outros esperam de nós e esquecemos de levar em conta o que realmente somos.

Às vezes, essa é a origem daqueles *burnouts* que estamos vendo cada vez com maior frequência: mulheres que tentaram corresponder a altas expectativas, que tiveram de renunciar a ver os filhos crescerem ou que trabalham em meios em que se mesclam a competição e a busca de perfeição, até que uma crítica ou um fracasso faça transbordar a taça e aniquile, de uma só vez, toda a autoestima que outrora construíram tão valentemente.

Renunciar às imposições sociais é saber ser lúcida perante si mesma, é governar a própria vida, é escolher a liberdade. É saber discernir o que nos faz felizes e privilegiar o que realmente conta para nós.

A partir daí, fica mais fácil resolver-se quanto a adequações, a decisões contestadas pelos outros: não, não se trata de um sacrifício definitivo, mas de uma escolha que permite estarmos de acordo conosco, concentrar a nossa energia no essencial e conservá-la por um longo período de tempo.

Anne-Cécile Sarfati, redatora-chefe adjunta da revista *Elle* e autora de *Être femme au travail, ce qu'il faut savoir pour réussir mais qu'on ne vous dit pas* – obra cheia de boas ideias (ver a bibliografia na

p. 170) – provoca-nos: "Sobrecarregada no trabalho? Já pensou em desacelerar?".

Muitas vezes, é quando se tem filhos pequenos, com tudo o que isso implica em termos de energia despendida, que os seus empregadores esperam mais de você, pois adquiriu experiência e maturidade, e podem lhe propor começar a dirigir uma equipe. Seria lamentável, se você gosta do seu trabalho, que você desanimasse e desistisse de tudo.

Algumas empresas procuram ajudá-la nessa fase, outras, não. Nesse caso, você pode tentar transmitir mensagens.

- √ Estabelecer como horário de chegada ao trabalho o período entre as 8h e as 9h30, por exemplo, e horário de saída a partir de 17h30. Cabe a você conversar com o seu chefe para verificar essa possibilidade e organizar-se de forma a não abusar dessa flexibilidade.
- √ Arranjar uma ocasião durante o dia para atender a compromissos (escola, creche, médico, etc.) sem ter de se justificar, mas comunicando a ausência e quando irá repor as horas.
- √ Reformular os contratos de trabalho em virtude de cláusulas adicionais que permitam, em um ano ou em um determinado tempo, que se adapte a uma obrigação particular: estar na escola às 16h30 uma vez por semana ou reduzir um pouco a sua carga horária para deixar um momento de folga na semana.
- √ Mas, às vezes, os tempos parciais são falsos amigos, pois a sua carga de trabalho não diminui, ao contrário do seu salário! E os dias em que os filhos não têm aula são mais desgastantes que os outros, pois queremos fazer tudo durante essas 24 horas: lazeres dos filhos, compras, compromissos, etc.

> "Eu não conseguia escolher entre a quarta-feira e a sexta-feira: a quarta-feira permitia um respiro na semana para me reconectar com os filhos, mas me esgotava e cortava o meu ritmo. A sexta-feira permitia reservar meio dia para mim ou para a administração da casa, para almoçar com os filhos ou com uma amiga, para estar na escola às 16h30 ou passar a tarde com os menores.
> No fim, achei que isso era o que mais me convinha."

As empresas têm todo interesse em conciliar interesses:

"As que ajudam concretamente os seus funcionários que têm filhos atraem e fidelizam mais facilmente os seus colaboradores que, além disso, mostram-se muito mais engajados no êxito da sua empresa" (Jérôme Ballarin, presidente do Observatoire de la Parentalité e autor de *Travailler pour vivre mieux. Comment concilier vie professionnelle et vie familiale?* – ver bibliografia, p. 170).

Ritual da Melhor Amiga

✓ Chega de correr atrás de um ideal imposto por uma obrigação social.
✓ Comprometo-me a fazer adaptações que me permitam ficar mais em paz comigo mesma.
✓ Eu me felicito por preservar a minha energia para o momento que eu decidir viver mais intensamente.

CAPÍTULO 9
Desenvolvendo-se

Para concluir a sua preparação de campeã e completar o seu percurso de 21 dias para deixar de carregar o mundo nas costas, você irá gradativamente aprender a deixar de se culpar, irá se iniciar no pensamento positivo e espalhará o seu bom humor ao seu entorno.

A felicidade está em suas mãos. Siga as orientações para progredir e brilhar.

Desobrigue-se para progredir

> NÃO LHE ATIRO A PEDRA, PIERRE, MAS ESTAVA A PONTO DE ME IRRITAR.

Le père Noël est une ordure[1]

É fácil encontrar culpados ou nos culparmos quando estamos cansados ou em situação de estresse, mas procurar um responsável é perda de tempo e de energia. Como provavelmente não existe data precisa que marque o início do seu sentimento de sobrecarga, não existe culpado para o seu estado de estresse. E mesmo que você tenha a impressão de que, muitas vezes, os eventos se encadeiam contra você, o fato de jogar a culpa sobre outra pessoa só vai agravar a situação.

---

[1] Filme francês de comédia de 1982, inédito no Brasil. [N. do E.]

CHEGA DE CARREGAR O MUNDO NAS COSTAS!

Designar um culpado aumenta a ansiedade diante da situação, pois, por definição, o culpado é perigoso e faz mal ("Quem cometeu uma infração e quem é julgado responsável perante a lei; quem é responsável por um erro, por um mal, quem dá origem a ele, quem carrega em si a inteira responsabilidade de um mal").

Culpar os seus filhos pelo seu atraso para sair só pode agravar o seu estado de estresse. O ambiente se deteriora, as crianças saem contrariadas, chorando, esquecem a mochila para a aula de esportes no carro porque você as apressou demais.

Não só você fica estressada por estar quase certa de que chegará atrasada ao seu compromisso, mas o estresse transmitido para os seus filhos retroalimenta o seu, e assim está formado o círculo vicioso. Você se arrisca também a exagerar a situação e dar a ela uma dimensão que ultrapassa a realidade (seus filhos são lentos demais, pouco autônomos, você falhou na educação deles, etc.).

Conclusão: em um mínimo tempo, você agravou consideravelmente a situação!

ALGUÉM CONTOU...

"Muitas vezes me encontrei diante das minhas filhas gêmeas querendo mamar, e as duas choravam ao mesmo tempo, é claro!
A culpa (qual das filhas pegar primeiro?) e o pânico me invadiam sistematicamente. Era, então, preciso encontrar uma solução para que eu mesma não acabasse em lágrimas diante delas.
Tratar do mais urgente, sem entrar em pânico... fazer uma coisa de cada vez... dar um passo, depois, outro! Consolar a mais aflita, trocar as fraldas da outra depois...
Privilegiar as emoções e o aspecto afetivo antes do material me permitiu não sentir culpa e instaurar serenidade na casa. Acho até que consegui semear um respeito e uma benevolência mútuos. Não há ciúme quando cuido de uma ou de outra nem tampouco reclamações por ser a primeira a fazer isso ou aquilo."

Portanto, é indispensável não jogar a culpa nos outros, a fim de economizar a energia e continuar a avançar, pois existe mesmo uma ligação de causa e efeito entre o tempo que você passa ruminando uma situação e a energia que você gasta.

Se é primordial não culpar os outros (como acabamos de ver), é também indispensável que você não se culpe.

Não se sinta mal pelas famosas frases dos falsos bons amigos. Eles projetam frequentemente uma imagem de si mesmos naquilo que dizem a você. Diga a si mesma: "O que vem de baixo não me atinge" e esqueça as palavras deles.

A frase "Engula o choro!" nas entrelinhas quer dizer que todas as mulheres – exceto você – já passaram por isso e venceram sem fazer um drama hollywoodiano! Isso não a ajuda a progredir...

"Volte para a casa um pouco mais cedo, você tem uma família!", pode parecer uma boa solução, mas dificilmente realizável. Na verdade, se você permanece no trabalho após as 18 horas, é porque você tem realmente uma sobrecarga de serviço e preza o seu emprego por razões legítimas e financeiras (*Les 200 astuces de Maman travaille*, de Marlène Schiappa, ver bibliografia p. 170).

"Olhe para a Anne, uma verdadeira *mulher maravilha*, ela administra o seu emprego, seus quatro filhos, está sempre sorridente e domina a situação!" Não se lamente por não ter tanto trabalho para fazer. Talvez Anne, a sua colega perfeita, superestime a sua vida profissional porque a sua vida pessoal é complicada, talvez seja solteira, ou tenha um marido que cuida de tudo... E se dê conta de que você prefere a sua vida em vez da dela e que você será uma colega tanto mais agradável porque a sua família é a razão de seu desenvolvimento.

Uma mulher que usa o seu tempo para criar os filhos deve se defender do olhar inquieto, moralizador e até mesmo condescendente do seu entorno. "E você, tudo bem na sua casa, não é um tédio?", "Como você vai encontrar um emprego depois?", "E você,

CHEGA DE CARREGAR O MUNDO NAS COSTAS!

vai ficar parada até quando?", etc. A vocês, mulheres extraordinárias, que decidem dedicar o tempo aos seus filhos, queremos dizer que é preciso ter muito mais coragem para parar de trabalhar do que para atender a uma oferta de empregos, que a educação dos filhos demanda tanta responsabilidade quanto fazer planos de negócios, que administrar a casa e a família com afeto tem tanto valor quanto gerenciar estratégias de marketing... E que isso não a impede de continuar a aceitar desafios sociais, intelectuais, esportivos ou artísticos! A todos que lhe perguntarem se você trabalha, dê a seguinte resposta: "Eu sou a responsável pela logística de uma microempresa cheia de recursos! Adoro, é um ambiente delicioso!".

Ritual da Melhor Amiga

✓ Chega de me sentir culpada pelo olhar moralizador dos outros.
✓ Comprometo-me a não me culpar mais.
✓ Eu me felicito por ter sabido me inspirar nos exemplos anteriores e não mais me deixar importunarem.

Pense positivo

> O pensamento positivo se propõe a elevar a nossa existência... Quando você está totalmente absorvido por um trabalho, você se sente cheio de energia, concentrado e eufórico.
>
> *La pensée positive pour les nuls*, Béatrice Millêtre, Averil Leimon e Gladeana McMahon

Ter pensamento positivo é enxergar as coisas de maneira não convencional, pois ter uma casa bem arrumada, os dentes bem escovados, o penteado impecável e as roupas bem passadas não significa necessariamente ser feliz.

Às vezes, quando estamos mais estressadas, acabamos nos incomodando com aquelas mulheres muito bem-vestidas na porta da escola, afinal somos diariamente motivadas a nos comparar com as demais.

A aparência não é tudo: talvez você esteja sem batom, mas você é a campeã das mães (p. 91) e os seus filhos são maravilhosos.

Agora que você sabe o quanto ficar remoendo situações, desvalorizar-se ou não acreditar na possibilidade de realizar as suas coisas consome energia e gera fadiga, deve ver o mundo positivamente.

Bem longe da ideia que podíamos ter nos anos 1990, o pensamento positivo já não é uma utopia instaurada pelos herdeiros dos hippies. Pesquisas científicas e estudos realizados por terapeutas demonstram que o pensamento positivo tem influência direta sobre a saúde por reduzir os efeitos do estresse (problemas cardiovasculares, digestivos, respiratórios, dermatológicos, distúrbios do comportamento alimentar, etc.).

Graças aos diagnósticos médicos por imagens, temos certeza de que os nossos pensamentos atuam diretamente no nosso corpo e no nosso bem-estar físico e psíquico.

Aliás, basta observar as transformações físicas e a mudança de humor de uma criança a quem demos um brinquedo dos seus sonhos: sorrisos, brilho dos olhos, gritinhos, pulos, dança... Quanta felicidade!

O pensamento positivo funciona mesmo, mas quase sempre pensamos que se trata de um princípio distante demais da nossa realidade cotidiana.

Mas nós vemos nele uma formidável oportunidade de nos cansarmos menos, um poderoso meio de aplicar os princípios de desenvolvimento sustentável na nossa vida (corpo e mente integrados). Isso porque, se você analisar um pouco o que se passa na sua casa, irá perceber que perde mais tempo catando dejetos e apagando as luzes do que descansando.

Então, por que não aplicar a si mesma as regras de benevolência que aplicamos ao planeta, universalizando o princípio de desenvolvimento sustentável para a nossa vida?

O pensamento positivo seria a ação principal do seu desenvolvimento sustentável pessoal para que o seu corpo se torne mais cheio de energia, para que os seus sentidos despertem, para que a alegria a entusiasme e proteja a sua saúde.

✓ Se o termo "pensamento positivo" lhe parece distante demais de sua realidade, você, a *working girl* do século XIX, diga a si mesma o que está fazendo em relação à prevenção ou à gestão de riscos: "É melhor prevenir do que remediar".

"Detesto os dias que começam mal porque, em 80% dos casos, os eventos ruins se encadeiam e o dia se torna catastrófico.
Há pouco, aprendi a lidar com esse dia que chamo de 'meu dia lixeira'. Um dia sem graça, mas sem dramas, não tão terrível. E depois, felizmente, nem todos os dias são assim; então, eu o descrevo da maneira mais engraçada possível, pois não sou rancorosa. E fico esperando um dia melhor."

A partir de agora, proíba-se de começar as suas frases por "não" (ou por "sim, mas", que equivale a um "não" disfarçado).

Está na hora do jantar, sua filha quer um bombom. Tente isto: "Que boa ideia, um bombom, eu também gostaria de comer um. Você acha que agora é um bom momento? Se nós o guardarmos, poderemos comer dois de uma vez no sábado, na hora do lanche".

Mude de discurso! Não, você não se submete às coisas, você é a protagonista da sua vida. Em vez de pensar que é engolida pelo cotidiano e pelos filhos pequenos, pense no tempo ganho mais tarde e no sentimento de segurança que você desenvolve nos filhos graças à sua presença.

Em vez de dizer: "Eu não posso", diga que aquilo não faz parte das suas prioridades hoje e planeje para mais tarde ou ouse desistir.

Substitua "Eu nunca vou conseguir" por uma outra alternativa, por exemplo, liberando para você duas horas no domingo à noite, depois de fazer as crianças dormirem às 20 horas em ponto (já tendo dado os beijinhos e contado as histórias).

Procure sempre reviver o evento na sua mente antes de (super) reagir.

Por exemplo, quando um filho deixa o copo cair da mesa:
- Reação instintiva: você grita porque o copo se quebrou e é preciso juntar os cacos. A criança ouve "copo quebrado" (o que, para ela, não tem nenhuma significação nem valor material, é apenas um objeto). Ela ouve também que é preciso "juntar", mas não é a primeira vez que ela a vê varrer e enxugar. Então, ela não vai ficar surpresa nem tocada afetivamente, mas corre o risco de ficar assustada com seus gritos e repreensões.
- Reação refletida, você revive a cena:
- opção 1: seu filho tem menos de seis anos. A manipulação de objetos ainda está em construção. Reviva a cena para obter dele algo de positivo (ele está em plena aprendizagem, mas não é

desajeitado). Repita: "Ele está em plena aprendizagem, mas não é desajeitado", antes de lhe (re)explicar como segurar o copo;

– opção 2: seu filho tem mais de 6 anos, estava brincando com os irmãos e as irmãs, com o pai ou com os talheres quando o copo caiu. Reviva a cena para obter dela algo de positivo ("ele estava brincando, mas não é desajeitado"). Repita: "Ainda é uma criança, é normal que brinque". Depois, explique-lhe que o melhor lugar para brincar é o seu quarto, pois na mesa há objetos frágeis e ele não gostaria que quebrassem os seus brinquedos. Em todos os casos, peça-lhe que ajude depois de afastado o perigo dos cacos de vidro. Peça-lhe que vá buscar outro copo sozinho. Confie nele do mesmo modo que os seus pais confiaram quando você caía e eles lhe pediam que voltasse a montar na bicicleta logo em seguida.

Enfim, peça a ele que repare o dano enxugando o chão.

"No período às vezes um tanto longo em que propomos aos nossos filhos parar de usar fraldas à noite, eu adquirira o hábito – quando havia 'acidentes' – de implicar as minhas filhas na troca dos lençóis. Tudo isso tomando o cuidado de não gritar nem dramatizar, porque logo se usam palavras que são humilhantes para as crianças. Tiramos tudo, vamos encher a máquina, buscar outros lençóis e arrumá-los bem. E quem vai ganhar uma bonita cama limpinha esta noite?

Eu lia, nos olhos das minhas filhas, um certo alívio e o reconhecimento por não terem sido repreendidas. Muitas vezes, uma palavrinha gentil chegava para me consolar pela paciência empregada: 'Tudo bem, mamãe, não se aborreça. Você está muito cansada?' Bastavam só alguns acidentes para que a coisa cessasse e, em vez de más lembranças, nós obtínhamos mais cumplicidade."

Sinta, no seu íntimo, paz e energia preservadas, em oposição ao que você pode sentir quando se encoleriza (cansaço, dor de barriga, palpitações).

Observe os seus filhos, que podem continuar comendo serenamente e irão deitar-se sem estresse e sem mágoas. Não se esqueça de que uma criança muitas vezes se sente responsável pelo que acontece com a família (mesmo que não tenha nenhuma interação com o objeto do estresse, da tristeza, dos prantos ou da ira).

Para cada acontecimento, adicione uma emoção (estou decepcionada, estou com ciúmes, estou triste, estou desanimada, etc) e tente associar um "mas" a essa emoção negativa, a fim de considerar a mudança como uma oportunidade.

O pensamento positivo não significa ser complacente ou recusar a realidade, mas sim saber permanecer construtiva e criativa quando surgem as dificuldades.

A sua amiga cancela o jantar que você estava esperando ansiosamente?

Você: "Estou decepcionada, pois queria falar dos meus problemas de trabalho, mas vou aproveitar para tentar jantar com outra amiga que vejo com menor frequência".

A sua filha de quatro anos se recusa a ir para a cama, está com medo, sede, dor de barriga?

Você: "Estou desanimada, pois tenho a impressão de que fiz tudo o que era preciso (rituais, leituras e afagos), mas vou me deitar ao lado dela, descansar um pouco e tranquilizá-la para as outras noites".

Saiba que não é por causa de uma noite que a criança vai adquirir maus hábitos. Vivam juntas esse momento de exceção às regras, essa fantasia para o cotidiano e informe com humor a quebra das regras. Lembre-se de que são necessários 21 dias para se libertar de um hábito!

Assim, reservando um tempo para associar sentimentos e ações positivas a todos os fatos perturbadores, destaque os seus momentos de satisfação, agregando a eles uma atenção bem particular e uma emoção positiva. Procure a pacificação e não o exagero (estou serena, sou alegre, sou feliz, tenho orgulho de mim e dos meus filhos).

Cada momento pode se tornar uma alegria. Não espere ser feliz como no dia do seu casamento para viver um momento de felicidade.

Inspire-se em pessoas que passaram por provas ou períodos difíceis, que sabem transigir, que não fazem drama, guardam distância e aceitam com serenidade os eventos. Elas têm uma forma de sabedoria que se lê nos olhos, o que nos causa admiração por terem aplicado essa inteligência emocional apesar de terem passado por problemas.

Ou inspire-se em obras filosóficas, pois elas a ajudarão a ganhar uma profundidade de alma e serenidade, e a preparar-se para as dificuldades.

Ritual da Melhor Amiga

✓ Chega de me deixar invadir por pensamentos negativos.
✓ Comprometo-me a enxergar o melhor dos acontecimentos, mesmo que eles me decepcionem.
✓ Felicito-me por ter aprendido a deixar de ficar nervosa e por ter conseguido resolver uma situação complicada.

DICAS

√ Meus rituais de "pensamento positivo":

– Em vez de invejar os outros, tento fazer uma comparação positiva: "Não convidamos amigos à nossa casa há três meses, mas passeamos bastante de bicicleta com os filhos"; "Sim, os seus desenhos têm menos detalhes que os da sua irmã, mas você sabe escolher cores muito bonitas", etc.

– Eu me valorizo: "Não sou uma felizarda, mas tenho um emprego útil e do qual eu gosto".

– Eu reflito de outra maneira: "Agora trabalho em um espaço comum, ao contrário de antes, quando eu tinha uma sala só minha; isso vai me permitir usufruir da experiência dos outros e ter um pouco de calma".

Ganhe força com imagens positivas

Use todos os seus sentidos para observar e munir-se de imagens mentais, de recordações que levam você a um estado de espírito muito positivo.

Uma imagem mental pode ser de origem visual, auditiva, olfativa, sinestésica ou gustativa, ou todas ao mesmo tempo. Os pesquisadores acreditam que o fluxo das imagens mentais poderia constituir o pensamento e os sentimentos.

O estado mental ou estado psicológico é, portanto, o reflexo dessa atividade mental e das imagens que a constituem. Quanto mais positivas forem essas imagens (lembranças agradáveis, momentos de calmaria, instantes de pura felicidade, etc.), mais você aumenta a sua capacidade de ser positiva e alegre, pois essas imagens nutrem não só o seu pensamento (felicidade atrai felicidade), mas também a sua reserva de felicidade. Logo, funcionam com um extintor de ideias soturnas ou "o extintor de baixo-astral"!

Quanto mais imagens positivas você estocar, melhor será o seu estado psicológico.

> ALGUÉM CONTOU...
>
> "As férias, reserva de alegrias...
> Na primeira vez que saí em férias com aquele que iria se tornar meu marido e pai dos meus filhos, éramos jovens executivos dinâmicos, estressados e orgulhosos disso. Quando caminhávamos pela montanha, paramos em um pequeno refúgio para degustar aquela que se tornaria para mim a melhor torta de mirtilo do mundo. Todos os nossos sentidos estavam despertos. Se apurássemos os ouvidos, poderíamos ouvir as marmotas. Podíamos respirar o aroma da genciana, degustávamos aquela famosa torta e olhávamos maravilhados o monte Aiguille du Midi. Então, eu pronunciei esta incrível frase que nos acompanha a cada dia: 'Levaremos daqui muitas recordações para quando precisarmos delas'. O homem de quem falo riu e perguntou por que precisaríamos delas. Agora, alguns anos mais tarde, ele já sabe para

> QUE SERVE AQUELA FRASE E ATÉ RECONHECE A UTILIDADE DE SE IMPREGNAR DESSES INSTANTES MÁGICOS. ISSO PORQUE TEMOS CADA VEZ MAIS NECESSIDADE DE TAIS LEMBRANÇAS PARA ALIVIAR A PRESSÃO E TER SEMPRE EM MENTE QUE EXISTEM INSTANTES MARAVILHOSOS LONGE DO ESTRESSE E DOS PROBLEMAS. MOMENTOS DE REPOUSO, DE DIVERSÃO, DE AMOR E DE ALEGRIA.
>
> QUANTO A MIM, AGORA TAMBÉM SEI QUE DESPERTAR OS MEUS CINCO SENTIDOS CRIA RAPIDAMENTE UMA SENSAÇÃO DE BEM-ESTAR E DE FELICIDADE, SENTIMENTOS POSITIVOS E BELAS IMAGENS MENTAIS, QUE FICAM DISPONÍVEIS NO MEU CÉREBRO PARA USAR NOS CASOS DE IMPASSE."

Agora é com você!
(conforme *Comprendre la PNL*, de Catherine Cudicio)

Pense em uma situação na qual você sentiu um estado de plenitude, um belo momento de felicidade (ver p. 127).

Você se lembra das circunstâncias exatas com o máximo de precisão possível: que tempo fazia, quem estava com você, as cores, os odores. Recorra aos seus cinco sentidos até poder reviver, de alguma forma, aquele momento.

Quando tiver chegado ao auge e puder recriar aquele momento, mantenha uma ancoragem durante alguns segundos. Tal ancoragem pode ser, por exemplo, apertar com o polegar direito o côncavo da sua mão esquerda, apertar com o polegar e o indicador direitos o dedo mínimo esquerdo.

Agora, pense em uma situação desagradável na qual você sabe que precisaria de uma ajuda para ficar em um estado de espírito positivo. Quando tiver essa situação na sua mente, faça a ancoragem anterior. Você notou como isso muda a sua experiência?

- ✓ Chega de olhar as coisas sem as ver.
- ✓ Comprometo-me a me munir de uma lembrança feliz.
- ✓ Eu me felicito por tê-la associado a uma ancoragem e me exercito.

Crie um entorno mais agradável

> O jogo é o primeiro grande educador. Ensinamos as crianças com brincadeiras, pequenas coisas que um dia as tornarão capazes de realizar seriamente grandes coisas.
>
> *Jouer le jeu*, **Baden-Powell**

Não é fácil entrar em um estado de ânimo festivo e estimular um ambiente alegre quando chegamos extenuadas do trabalho e as crianças – que tiveram de se comportar o dia todo na creche ou na escola – escolhem exatamente aquele momento preciso para deixar explodir toda a sua energia positiva (excitação, frenesi de tagarelagem, súbita vontade de tirar o material de pintura) ou negativa (choradeira, suscetibilidades diversas, resmungos, recusa a entrar em um acordo, comunicação inadaptada).

Então, compartilhamos com você as nossas melhores práticas e os nossos momentos de loucura para tornar o cotidiano mais agradável com 1% de energia, 2% de motivação, 3% de imaginação e 97% de amor. Atenção: amor que implica, às vezes, paciência e abnegação!

- Em casa, na hora das refeições:
- – prepare, na noite da véspera, uma mesa bem bonita para o café da manhã. É tão mais motivador para as crianças quando elas a preparam. É também um tempo que você ganha no dia seguinte de manhã para se arrumar para sair;
- – durante os jantares, se você sentir que a conversação deriva perigosamente, volte a centrá-la pela evocação dos seus projetos: conte tudo de bom que você vai fazer no fim de semana (passeios, noite de crepes, convite de amigos, troca da decoração na cozinha). Isso vai fazer as crianças sonharem e você conseguirá amenizar os dias mais cansativos;
- – de vez em quando, organize festinhas ou piqueniques na sala de visitas: as crianças adoram preparar belas mesas e lambiscar;
- – transforme jantares em cafés da manhã: pão torrado, salada de frutas e chás ou chocolate quente. Faça isso especialmente domingo à noite para encerrar o final de semana com alegria.
- A arte, o jogo e a maneira:
- – faça-os cantarem: nada melhor para acalmar os corpos e os ânimos do que cantar. Organize um pequeno coral após a refeição, propondo que cada um cante um trecho de frase, em cânone;
- – proponha-lhes prepararem um espetáculo para o domingo à noite. Chegando o momento, acomode-se em um sofá e admire. Você também pode encenar, com o seu marido, uma pequena história conhecida ou inventada (risadas garantidas);
- – institua um momento de loucura para o qual você estabelecerá um sinal para começar: "A gente vai se soltar", "A gente vai fazer qualquer coisa!". Ligue a música e dancem como doidos, vista uma fantasia, o que tornará o momento mais engraçado ainda. Mas, no início, já estabeleça um final ameno: "Vamos terminar às 21h30, amontoamos todas as coisas para arrumá-las no dia seguinte e vamos dormir tranquilamente". No meio da encenação, deixe-os darem asas à sua criatividade;
- – organize jogos coletivos em família: eles têm reais virtudes pedagógicas e permitem transmitir mensagens importantes, sem passar pela autoridade dos pais. Estes são alguns que

funcionam bem para criar um clima agradável, mesmo quando os filhos são pequenos: Imagem & Ação®, imitação de animais ou de membros da família, caça ao tesouro, Dobble® (excelente jogo que permite abolir as diferenças de idade, pois é preciso ficar atento e rápido), etc. Provavelmente você tem em mente muitos outros.

Agora é com você!

Faça como nós, não tenha medo do ridículo!

Bárbara dança valsa com uma calcinha na cabeça, brinca de Kill Bill, arrasta-se no chão com uma faca de plástico entre os dentes.

Isabelle cria coreografias ao som de músicas engraçadas e substitui a letra das canções por "coma a sua maçã, coma a sua maçã", a fim de estimular as crianças a comerem alimentos saudáveis todos os dias.

Tudo isso tem o dom de transformar os ataques de mau humor em risadas. Utilize quando sentir que o ambiente está ficando prestes a explodir.

- No trabalho:
- contribuir para um bom ambiente no trabalho é conseguir encontrar o meio-termo entre a profissional e a boa colega. É também manter-se distante das pessoas negativas e derrotistas que tendem a contaminar o seu astral, das que espalham rumores, conversas fúteis e maledicências. É ser afetuoso com os outros e contribuir para um clima de solidariedade, mesmo que seja preciso passar uma hora ajudando o colega do lado em um trabalho do Excel. Você poderá, um dia, precisar desse ambiente de auxílio mútuo;
- é evitar transferir para os outros o peso de suas preocupações familiares: os seus colegas podem irritar-se por verem você

se retirar em plena hora do encerramento das contas, proclamando: "Ah, tenho de ir pegar as crianças, a minha babá está doente!". A sua colega do lado também pode ter filhos, mas organizou-se sem falar nada, ou não os tem, mas tem problemas pessoais de outra ordem para resolver;

– é organizar almoços entre as equipes: em vez de almoçar sempre no mesmo lugar, com as mesmas pessoas, dê início a um dia mais aberto, em que todos escolhem uma mesa ao acaso. Sim, será bom conhecer o cotidiano da sua colega que, há anos, cuida da sua folha de pagamento; ela poderá explicar a você coisas inéditas. Ou ainda almoços na "sala dos chefes", que vocês degustarão juntos;

– isso pode incluir também um investimento coletivo em uma atividade solidária, por exemplo, pedindo ao seu chefe permissão para dedicar algumas horas do seu tempo a este trabalho (esse tipo de solicitação pode permitir que o seu chefe compense o aumento que ele não pode dar, por falta de orçamento). Você pode, por exemplo, entrar em contato com uma associação alinhada aos valores da sua empresa para se encarregar de um de seus projetos, ou lançar um desafio de reciclagem (de cartuchos de impressoras, por exemplo) e comunicar aos outros do que se trata (os seus x quilos de material reciclável vão ajudar no financiamento de cadeiras de roda);

– um novo cliente, o final de um projeto de fôlego... Tudo pode ser festejado! Celebrar os sucessos é comunicar que está no melhor da sua forma. Isso permite mostrar uma imagem positiva de você e lhe motivará a dar prosseguimento aos seus projetos.

Não se trata de alugar um palácio para dar uma festa, mas de escrever um e-mail, um bilhete, falar, organizar um drinque informal, ou simplesmente ter o cuidado de anotar, na sua lista de sucessos, todos os seus êxitos.

 Ritual da Melhor Amiga

✓ Chega de noites estereotipadas e monótonas!
✓ Comprometo-me a contribuir para um ambiente alegre e solidário.
✓ Eu me felicito por ter organizado uma noite engraçada em casa.

Cultive a felicidade

> A felicidade é uma questão de hábito, de atitude, e, se não for aprendida e exercida no momento presente, não poderá jamais ser experimentada.

Maxwell Maltz (cirurgião e autor americano)

Cada uma de nós tem a sua própria concepção do que é a felicidade e vai buscá-la nos seus próprios mananciais de ventura. É um estado subjetivo que depende do seu julgamento, dos seus critérios e da sua história.

O hábito de ser feliz

Inspire-se nesta fórmula de Radiguet:[2] "Felicidade, eu só te reconheci pelo ruído que fizeste ao partir", e aja de modo a se conscientizar dos seus instantes de felicidade nos momentos em que você os vive.

Enquanto nós buscamos a felicidade (a visão que os outros têm dela), passamos ao largo de nossas felicidades, aquelas que invadem a nossa vida a cada dia e que não vemos: o beijo de um homem que nos ama ao acordar, o carinho dos nossos filhos antes de irem para a escola, um tablete de chocolate, o sorriso de

---
[2] Escritor francês. [N. do E.]

uma vizinha, a mensagem de uma irmã, uma música que adoramos ou um dia passado bem, simplesmente!

Prestar atenção em cada um desses momentos agradáveis aumenta o nosso capital de felicidade. Porque, sejamos realistas, grandes alegrias, como um nascimento, um casamento, uma festa em família, não acontecem todos os dias! Então, procure nutrir-se de alegrias simples e saboreie-as, pense que aquilo que você está vivendo é uma graça, simplesmente por sentir a felicidade.

Agora é com você!

Conte as suas alegrias...

Para aproveitar melhor as nossas alegrias, nada mais fácil que contá-las. Como felicidade gera felicidade, é preciso ver a vida pelo lado bom. Comece por listar, a cada noite, três momentos felizes que você viveu durante o dia, os pequenos momentos de graça que acabamos de mencionar.

Faça o exercício durante uma semana até completar uma lista de dez a vinte motivos de felicidade.

Cole-a na parede e todas as manhãs reflita sobre duas ou três dessas causas de felicidade, lembrando-se delas ao longo do dia. Quanto mais você reconhecer precisamente o que lhe faz feliz, maior será a sua possibilidade de multiplicar essas ocasiões favoráveis, de aproveitá-las e obter os seus benefícios.

Palavras e gestos de gentileza

A gentileza é para a felicidade o que o ovo é para a galinha. Não sabemos bem o que vem primeiro, mas isso não importa, é um círculo virtuoso. A felicidade provoca a vontade de dividi-la. A gentileza está ligada à felicidade, porque dar alegria aos outros contribui para o nosso bem-estar.

CHEGA DE CARREGAR O MUNDO NAS COSTAS!

Você pensa que a gentileza é um conceito um pouco desgastado? Saia desse engano, a gentileza está na moda se atentarmos para a profusão de artigos escritos sobre o tema e para a instauração do dia da gentileza (13 de novembro).

Ser gentil é simples, gratificante e contagioso. A gentileza pode expressar-se de mil maneiras diferentes. Nós gostamos particularmente de expressá-la por nossos gestos e escrita.

DICAS

- ✓ Pense em uma pessoa que é importante para você, a quem você jamais declarou isso. Escreva-lhe um pequeno texto de agradecimento (dez linhas, meia página), leia-o (ou envie-o) para ela. Isso vai fazer você se sentir feliz durante meses, sem falar do efeito produzido no destinatário. Felicidade garantida!
- ✓ Aproveite as férias para mandar uma carta, um cartão-postal ou um e-mail às pessoas que lhe fizeram bem durante a sua vida: "Estou me lembrando daquele dia que passamos juntos (...) Eu queria dizer que isso faz parte das minhas mais belas lembranças e agradecer a você. Aquilo me ensinou a..."
- ✓ Quando se tratar de pessoas que a fizeram crescer profissionalmente, você pode dar um testemunho em forma de recomendação no LinkedIn (ou em outras redes sociais). Pense que isso será uma fonte de inspiração para elas e as incentivará a perseverar nesse caminho.

ALGUÉM CONTOU...

"A MINHA CAÇULA, QUE NÃO SABE LER, GUARDA PRECIOSAMENTE OS CARTÕES OU AS PALAVRAS QUE LHE ESCREVO E AS CONSERVA DEBAIXO DO TRAVESSEIRO. POR ISSO, HABITUEI-ME A ESCREVER REGULARMENTE A ELA E TENHO DE LER E RELER AS PALAVRAS, MESMO QUE ELA AS SAIBA DE COR. HÁ MENSAGEM CONTRA PESADELOS, MENSAGEM DE AMOR, MENSAGEM DE POESIA..."

DICAS

- √ Por exemplo, dê bonitas lembranças aos seus filhos, colocando-as em grandes caixas com desenhos (na qual você colará uma etiqueta com o nome do presenteado): desenhos da autoria deles, programas de espetáculos, poesias, cartas afetuosas recebidas dos avós, diplomas de torneios e campeonatos... São objetos que não ocupam espaço e serão recordações para mais tarde.
- √ Ria e sorria. Quando estamos felizes, sorrimos, rimos, temos brilho. O riso descontrai, cura, é rejuvenescedor e, além disso, as crianças costumam rir por muito poucos motivos. É uma forma de desdramatizar e de inserir leveza, de tomar distância dos problemas e também de dar mais alegria à vida dos outros, pois o riso é comunicativo. Pense nas suas avós, que viveram num século XX povoado de ditadores (Mao, Hitler, Stalin). Apesar disso, elas sabiam cultivar a leveza (uma das nossas avós costumava dizer: "Ontem, eu estava com a minha irmã e rimos muito, sabe!").
- √ E, por fim, o riso irá ajudá-la a sair de muitas situações embaraçosas: rir em vez de responder a uma pergunta inconveniente é um método bastante interessante. Mas o riso exige treinamento. Então, comece pelo sorriso, alugue um filme cômico, compre um livro de histórias engraçadas para compartilhar com os seus filhos. Tudo serve para provocar o riso dentro do seu cotidiano.

"Em casa, adoramos massagens. Adquirimos o hábito de, quando alguém da família está cansado ou triste, oferecer-lhe uma pequena massagem. As aplicadas nos pés ou nas costas são as que mais gostamos. Às vezes, a massagem funciona melhor que as palavras para aliviar as mágoas, as baixas de autoestima e fazer alguém sentir-se amado..."

"Uma das ocupações das crianças neste verão foi o lançamento de uma pequena venda. Havíamos organizado um campeonato de tênis em família e elas tinham montado o seu estande ao lado. Além das preocupações de puro comércio (o que vamos preparar hoje? A pipoca não é uma boa, o bolo de chocolate foi em cinco minutos, a água com hortelã tem mais sucesso que o suco de romã, quanto vai custar o pedaço de bolo, 30 ou 50 centavos, etc.), uma das minhas filhas disse, no final do torneio: 'Sabe, mamãe, quando a gente é vendedora, percebe que, para que o negócio vá bem, é preciso sorrir e ter humor'."

 Ritual da Melhor Amiga

✓ Chega de melancolia!
✓ Comprometo-me a buscar a felicidade e a praticar a gentileza.
✓ Eu me felicito por ter identificado cinco momentos de pura felicidade.

Do sonho à concretização, o poder dos projetos

Olhe para as coisas como elas poderiam ser, dizendo a si mesmo 'Por que não?'.

**George Bernard Shaw
(Prêmio Nobel de literatura em 1925)**

Ter um projeto é estar em movimento, e isso é caminhar no sentido da vida. Mas, quando sentimos a sobrecarga do mundo nas costas, os nossos projetos se esvaem, de tanto que o cansaço invade o nosso dia a dia.

Reserve um tempo para reconectar-se aos seus projetos (de família, de casal, da profissão, etc.). Identifique qual deles, no momento presente, é o mais importante para você (que seja realista e realizável nos próximos doze meses), e que lhe permita solucionar um problema no qual você se sente presa atualmente.

Prepare-se para efetivamente viabilizar esse projeto: talvez você esteja com medo de mudar de casa, de se sentir perdida em outra cidade; talvez você não ouse mudar de trabalho ou de carreira por medo de cair em uma situação de risco, de não ter mais capacidade para se sustentar; talvez você esteja com medo daquela viagem a um país tão diferente do seu, etc.

Afaste esses temores, esses roteiros de catástrofe ou de fracasso. Se você se preparar para viver plenamente essa mudança, terá muito mais possibilidade de êxito. Deite-se confortavelmente em um lugar em que não será incomodada: você conseguiria construir uma imagem do seu projeto, conseguiria visualizá-lo? Por exemplo, caso se trate das suas próximas férias na Argentina no próximo verão, você conseguirá planejá-las melhor ao se imaginar contemplando a cordilheira dos Andes ou no burburinho de Buenos Aires.

Ocupe a sua mente com ideias positivas e reconfortantes: tente integrar o máximo de detalhes que são importantes para você (a cor das casas, a comida, o sorriso de uma pessoa, as árvores). Imagine também o que você vai fazer para saborear esse projeto: uma festa, uma narrativa, um álbum.

Agora, você tem na mente um filme, realista e positivo ao mesmo tempo, e que lhe corresponde. Guarde-o na memória e assista a ele regularmente, a fim de habituar o cérebro e programá-lo para conseguir realizar esse projeto ("sim, eu posso", "sim, é possível").

Esse roteiro vai se tornar tão familiar que você vai encontrar a energia e os recursos necessários para planejar e pôr em prática as ações que lhe permitirão realizá-lo.

Calcule o tempo necessário para a realização do seu projeto: as diferentes etapas, os bloqueios, as dificuldades. O que você poderia fazer para superá-los? Encontre as respostas para todas as questões que surgirem e transponha todas as etapas que a permitirão viabilizar esse projeto e inscrevê-lo concretamente na sua agenda.

Agora que você elaborou a visualização do seu projeto completo (as suas férias na Argentina, a sua futura empresa, a sua futura casa, a sua casa atual, mas bem arrumada, na qual cada objeto é facilmente acessível, a renovação da sala de visitas, etc.), propomos que você adote esta técnica de interiorização mental: defina uma frase ou uma fórmula que resuma a sua capacidade para chegar ao final desse projeto (por exemplo: "eu sou capaz de... vou chegar a..."), e que corresponda o máximo possível à sua necessidade.

Depois, encontre um momento propício para dizer a si mesma essa frase. Geralmente, à noite, antes de dormir ou de manhã, ao despertar, por exemplo. Adote um tom que lhe proporcione energia e repita essa frase diversas vezes por minuto. Repita o exercício todos os dias, mesmo que, depois, você dedique menos tempo a ele.

Uma vez adquirida essa técnica de interiorização mental, associe a sua frase a uma ancoragem física: toque a Melhor Amiga ou um ponto preciso do seu corpo (o côncavo da palma da mão, por exemplo). Associar sensação e exercício mental vai reforçar o seu poder de concentração. Após alguns dias de treinamento, tocar a sua ancoragem física ou a sua Melhor Amiga fará voltar automaticamente a sua frase à mente. A energia e os recursos necessários à realização do seu projeto virão muito mais facilmente depois.

Em seu livro *S'affirmer sans s'imposer* (ver bibliografia, p. 170), Gilles Prod'homme sugere também escrever a sua fórmula mágica, como fazem os estudantes, em uma página inteira, para reforçar a fixação em sua consciência profunda.

E, caso se trate de um projeto familiar, faça o exercício em família e coloque a frase escrita debaixo do travesseiro ou na mesa de cabeceira de cada um. Evoque-a todas as noites na hora de deitar-se.

Ritual da Melhor Amiga

✓ Deixei de carregar o mundo nas costas: sou uma campeã!
✓ Comprometo-me a dar andamento ao(s) meu(s) projeto(s).
✓ Eu me felicito hoje, ao final desses 21 dias, por me sentir serena o suficiente para pôr em prática o programa.

Avaliação da semana

Desta semana, o que vou guardar na mente é continuar progredindo, mas também...

- agir sobre aquilo que posso controlar e dominar: treinando para enxergar as minhas qualidades e a realidade sem exagerar, identificando os meus valores profundos, e me libertando das minhas crenças limitantes;
- pensar em aproveitar a vida: deixando de me culpar, tornando-me a campeã do pensamento positivo, criando felicidade e momentos inesquecíveis, com simplicidade e alegria.

CHEGA DE CARREGAR O MUNDO NAS COSTAS!

E eis que passamos 21 dias juntas. Agora você tem autoconfiança, descansou, delegou trabalhos... mas o que fazer se a geladeira está vazia?

Solicitamos à "comissão das amigas sobrecarregadas" (família, amigas, amigas de amigas, amigas de trabalho) que compartilhem todos as suas dicas e boas práticas de compras. Selecionamos as mais simples, rápidas, eficazes e até mesmo as mais extravagantes para você pôr em prática!

O quebra-cabeça das compras

- Evite os grandes hipermercados

Para não consumir os seus nervos nem o seu tempo indo de um lado a outro em um lugar sem atrativos, privilegie estabelecimentos menores ou a entrega em domicílio.

Ao fazer as compras nos mercados de bairros, evitam-se os horríveis estacionamentos dos grandes supermercados, as barras dos carrinhos infestadas de micróbios, o ambiente desconhecido e estressante, a crise diante da lentidão nas filas das caixas, etc.

Assim, vocês também se assegura de que não vai comprar itens desnecessários, e isso é bom para o seu bolso, para a sua forma e para a sua saúde.

Em um hortifrúti, você compra quatro belas maçãs que serão logo consumidas, em vez de um saco de dois quilos pesado para carregar e do qual um terço acabará indo para o lixo.

- Aposte na entrega em domicílio e no sistema *drive-thru*

Fazer compras sentada no sofá diante de uma série de TV é melhor que ficar vagueando em um grande supermercado.

É rápido, ecológico, menos cansativo e menos estressante. O sistema *drive-thru* está se expandindo e tem a vantagem de ser mais flexível em termos de horário do que a entrega em domicílio.

São vocês que dizem...

"Faço as minhas compras pela internet mais ou menos a cada 10 dias, pois quanto maior for o montante do pedido, menor será a taxa de entrega, podendo até ser gratuita. Levam de 30 a 45 minutos para entregarem as mercadorias. As compras pequenas são feitas entre meio-dia e duas horas."

"Faço as compras com maior frequência em estabelecimentos de médio porte, em vez de uma vez por semana em hipermercado; dispende-se menos tempo e se evita gastos excessivos por encher metade do carrinho com coisas que não estavam previstas para comprar."

"Sempre dou um jeito de não ter fome quando vou às compras. Assim evito comprar um monte de guloseimas."

"Vou ao supermercado, encho o carrinho e mando entregar em casa gratuitamente duas horas depois."

"Vou sempre ao mesmo supermercado e faço o mesmo circuito nas gôndolas para os produtos 'habituais', o que me permite preparar a lista de compras de acordo com a organização da loja. Resultado rápido (28 minutos, contados no relógio. Idem para as compras no mercado))."

"Compramos em dobro todos os nossos itens necessários a fim de não ter de correr ao supermercado bem no momento em que não temos tempo nem vontade!"

A melhor: "A cada três meses compro no atacado os produtos alimentícios e mando entregar em casa; todas as semanas compro frutas e legumes pela internet".

- Otimize as suas listas de compras

Existem mil e uma formas de organizar as listas, conforme a sua preferência. Veja estas:

> **São vocês que dizem...**
>
> "Um quadro-negro na cozinha, anotando cada item a ser reposto."
>
> "Listas já feitas... sem perda de tempo."
>
> "Faço uma lista para as necessidades pontuais ou para os artigos a repor com urgência. Ou então, improviso no local, dependendo das promoções ou do humor do momento."
>
> "Uma lista em um caderno em casa e levo sempre comigo uma sacola pequena e dobrável para os imprevistos."
>
> "Uma listinha no meu smartphone, que vou alimentando quando penso em algo."
>
> **A melhor:** "Não faço lista, saio para as compras com uma foto do interior da minha geladeira".

As refeições

- Prepare cardápios

Elaborar cardápios é maçante, mas é indispensável para ganhar tempo e energia, pois facilita as compras e evita a infalível pergunta: "O que temos para comer hoje?".

Você pode prepará-los para uma semana ou antecipar duas semanas de refeições.

Se é verdade que comemos regularmente as mesmas coisas, por que não capitalizar em nossos pratos prediletos?

Tente encontrar catorze tipos de cardápios de que você goste, que sejam equilibrados, e utilize-os para elaborar a sua lista de compras bimestral. Você continuará comendo as mesmas refeições, mas a cada duas semanas você vai ganhar um tempo considerável nas compras.

São vocês que dizem...

"Organizo os cardápios da semana e faço a lista de compras de acordo com eles. Um tanto cansativo para elaborar, mas, depois, tranquilidade garantida por uma semana!"

"Imprimo o menu da cantina no início da semana e tiro ideias para a noite."

"Faço cardápios e listas precisas (utilizo um aplicativo para smartphone)."

"Encontro ideias de cardápios associados às receitas e à lista de compras na internet."

"Preparo gratinados de legumes no fim de semana e congelo-os para consumi-los durante a semana. Congelo também pequenas porções de carne para os bebês (frango, carne bovina, cordeiro)."

"A minha babá prepara o jantar das crianças e o nosso também. Entrego a ela os cardápios da semana!"

"Nós elaboramos um caderno de receitas familiares a fim de termos ideias (e que também pode servir para a babá)."

"Quando vou para a cozinha, preparo muitas coisas ao mesmo tempo, e isso me permite não ficar dando voltas em torno da panela de que preciso cuidar."

> "Descasco, ao mesmo tempo, todos os legumes para o dia e os levo para cozinhar na panela de pressão. Só vai ser preciso temperá-los para o almoço ou o jantar."
>
> "Fiz as crianças gostarem de sopa oferecendo-lhes diferentes tijelinhas lado a lado: *croûtons* (feitos com pão velho torrado na frigideira com ervas de Provença e azeite de oliva), queijo gruyère ralado, pinhões ou amêndoas, temperos... o que faz o todo ficar mais lúdico."
>
> **A melhor:** "Preparo os pratos em maior quantidade, mas não coloco tudo na mesa: guardo uma porção na geladeira ou no congelador para depois".

- Jantares preparados depressa e bem-feitos

Para as noites em que definitivamente lhe faltam tempo... e inspiração.

SÃO VOCÊS QUE DIZEM...

"Ovos quentes/pão/salada."

"Todos os domingos à noite fazemos um 'jantar-lanche' com brioche, leite com achocolatado ou iogurte, geleia, pão com manteiga, frutas frescas. As crianças adoram e eu termino o meu fim de semana fora da cozinha!"

"Fatias de pão no forno (doces ou salgadas) ou croissants gratinados com presunto e queijo."

"Tomate-cereja e queijo fresco refogados em uma frigideira. Servir quente quando o queijo tiver derretido, com um pouco de salada de alface e cenoura ralada..."

"Lá em casa, aos sábados, é piquenique divertido com tudo o que há na geladeira."

A melhor: "Ambiente para pequenos petiscos sortidos, em pratinhos com um bom pão fresco para acompanhar".

• E não desperdiçar

Porque nada se perde e tudo se transforma, estas são as proporções básicas da quiche, do bolo e das panquecas de legumes:

– para a quiche: 2 ou 3 ovos, 250 ml de creme de leite fresco, um pouco de queijo gruyère;

– para o bolo: 180 g de farinha de trigo, 3 ovos, 1 colher (sopa) de fermento em pó, 100 ml de leite, 1 colher (sopa) de óleo;

– para os bolinhos de legumes com aveia em flocos: 80 g de aveia em flocos, 100 ml de creme de leite fresco, 4 colheres (sopa) de sementes (de abóbora, de gergelim, linhaça), 2 ovos, 1 cebola (opcional).

Chega de carregar o mundo nas costas!

São vocês que dizem...

"Arroz amarelo: refogue, em uma panela grande, uma cebola ou duas com pedacinhos de gengibre.
Adicione cúrcuma e refogue mais um pouco em fogo brando. Adicione todas as sobras da semana cortadas em pedacinhos (pimentão, tomate, frango ou peixe, tudo o que estiver sobrando!). Adicione o arroz já cozido e uma caixinha de polpa de tomate. Como variante, há também o 'Soburô' ou 'Reciclado': uma panela de arroz com restos de carne ou frango, um pouco de cebola e tomate."

"Eu uso os restos de carne em escondidinhos: moa a carne e leve-a a uma panela com cebola refogada. Adicione uma caixinha de molho de tomate. Transfira para uma assadeira e cubra com purê e queijo ralado. Tempo de forno: trinta minutos, aproximadamente."

"Salada de lentilhas com tudo: coentro, salmão, cubinhos de presunto..."

"Faço pratos com massa folhada, fica mais apresentável! Basta um resto de carne, uma camada de feculentos, etc. Acrescento um pouco de molho de tomate ou pesto para dar liga."

"Refogo os restos (legumes, frango...) com um pouco de tempero, adiciono uma mistura de ovos e creme de leite. Levo ao forno e sirvo com salada verde."

"Sempre tenho os ingredientes para fazer uma torta de atum (massa podre, mostarda, atum, tomate, creme de leite fresco, queijo ralado)."

"Um bolo de iogurte com a última maçã ou o último pêssego..."

A organização

Arrumar e organizar já é ganhar tempo para todas as demais atividades que a esperam. Certamente, aqui você encontrará ideias que lhe servirão como uma luva!

SÃO VOCÊS QUE DIZEM...

"Eu classifico os alimentos no congelador: uma gaveta para peixes, outra para carnes, outra para legumes, outra para pães."

"Tenho uma despensa organizada: um armário reservado para isso, uma eliminação sistemática de tudo o que não é usado no ano, caixas de sapatos para empilhar, ganchos na parede para estocar pendurando."

"Descobri as embalagens herméticas nas quais posso estocar a vácuo (retira-se o ar com o aspirador). Ganho de espaço garantido (reduz-se 2/3 do volume) e possibilita guardar as coisas, mesmo que a despensa seja úmida... uma grande descoberta quando se mora em apartamento!"

"Nas gavetas sob a cama podem ser guardados os brinquedos: acessível para as crianças e ideal para espaços pequenos."

"Caixas com rodinhas: caixa para carrinhos, para Lego®, para Playmobil®, etc. Rodamos as caixas, pegamos tudo e jogamos na caixa certa!"

"As gavetas ou as cestas: de calcinhas, de cintos, de gravatas, de meias, de shorts, de roupas de jogging..."

"A caixa para coisas: uma pequena chave de fenda (para não ter de ir buscar na caixa de ferramentas quando precisamos trocar as pilhas dos brinquedos), elásticos, um metro, um grampeador, uma caneta permanente (que procuramos antes de sair para a escola para marcar o novo boné)."

CHEGA DE CARREGAR O MUNDO NAS COSTAS!

"Nos quartos, os armários (barra de cabides, gavetas...) ficam ao alcance das crianças, que podem pegar e arrumar sozinhas as próprias roupas. Idem para a cozinha: toda a louça das crianças fica nos armários baixos. Elas podem arrumar a mesa ou tomar água sozinhas, sem esquecer o banquinho para a pia."

A melhor: "Para os 'papéis e correspondências atuais', ter uma coluna com gavetas, uma para cada pessoa da família. E bandejas para o 'a tratar'".

A distribuição das tarefas

Agora que você aprendeu a contar com os outros e a delegar (ver p. 43-45), inspire-se em algumas boas práticas das nossas amigas.

São vocês que dizem...

"Arrumo as camas de manhã durante a semana. No fim de semana, cada um está encarregado de ventilar o seu quarto e arrumá-las."

"Eu faço as compras no supermercado, o meu marido faz as compras de produtos frescos no fim de semana."

"Eu preparo tudo antes do almoço e do jantar; meus filhos tiram a mesa e arrumam tudo com o meu marido."

"Eu me encarrego de toda a roupa, e o meu marido passa as camisas dele."

"Nunca dirijo na estrada – detesto fazer isso –, mas sou eu que preparo as malas."

"Nós dividimos os trabalhos domésticos e os deveres escolares. O meu marido e os meninos cuidam das lixeiras e da louça. Eu cuido das compras e da roupa."

"Cada filho deve, durante uma semana: desocupar a lava-louças, arrumar a mesa, levar o lixo e os recicláveis para os recipientes externos. É mais eficaz e menos complicado que um dia por criança. Em caso da ausência do filho, sou eu que assumo a sua vez."

"As coisas são feitas naturalmente: o cotidiano é administrado pelo meu marido (compras, preparação das refeições das crianças), o resto é por minha conta (pagamento da babá, marcar consulta no pediatra, faturas, etc.)."

"Não tenho filho, mas o meu marido faz tudo o que demanda maior esforço físico (aspirador + janelas + panos de chão), e eu arrumo tudo."

"Instalei uma torneira mais baixa para o chuveiro, assim as crianças com mais de 5 anos podem tomar banho sozinhas. Para a manhã, preparo, na véspera, uma porção de roupas para cada filho e eles só vêm tomar o café da manhã quando estão vestidos."

"Ainda não há distribuição de tarefas na minha casa, mas eles não perdem por esperar!"

A melhor: "O meu marido se encarrega do café da manhã das crianças. Eu arrumo as coisas para ligar a lava-louças à noite, a fim de que ele encontre tudo deliciosamente pronto e livre de manhã!".

CHEGA DE CARREGAR O MUNDO NAS COSTAS!

A montanha de roupas

Certamente, é o trabalho que menos dominamos: um pequeno acidente noturno, um dia de chuva bem lamacento... a quantidade de roupas dobra e, com ela, o trabalho também. Então, leia os conselhos de nossas boas amigas, você tem tudo a ganhar!

São vocês que dizem...

"Durante períodos de problemas intestinais e de eliminação das fraldas, faço a cama com camadas de tecido impermeável + lençol + tecido impermeável + lençol. Ganho tempo considerável à noite."

"Lavo e seco as meias de duas a duas."

"Para as peças menores, faço várias operações da secadora com um ciclo curto (quinze ou trinta minutos) que secam mais depressa."

"Investi em uma secadora que evita estender, recolher, passar. À noite, deixo o cesto de roupa para dobrar ao lado da televisão e, enquanto assisto a um programa, vou dobrando a roupa ao mesmo tempo."

"Lavo as roupas na noite anterior à vinda da faxineira."

"Troco as calças das crianças somente uma vez por semana."

"Coloco lencinhos antimanchas a fim de não precisar separar as roupas na máquina de lavar."

"No inverno, estendo algumas roupas nos quartos das crianças para ajudar a resolver problemas de infecções respiratórias."

"Deixo a pilha de roupa dobrada na frente do quarto de cada um."

"Passo as camisetas de duas em duas."

"Quando meus filhos começam a comer sozinhos, eu os deixo só de fraldas no cadeirão."

Os filhos

- Em caso de doença ou de greve de transporte

SÃO VOCÊS QUE DIZEM...

"MANTER SEMPRE O ENDEREÇO DE PELO MENOS QUATRO BABÁS EM MINHA AGENDA."

"HÁ EMPRESAS DE SERVIÇOS QUE ENCONTRAM UMA BABÁ EM 24 HORAS."

"PAGO UM SERVIÇO DE CRECHE PARA CRIANÇAS QUE BUSCA MEU FILHO NA ESCOLA E PERMANECE COM ELE ATÉ AS 20 HORAS."

"TROQUEI O MEU NÚMERO DE TELEFONE COM AS MÃES DA ESCOLA QUE TÊM A POSSIBILIDADE DE BUSCAR OS MEUS FILHOS, CASO EU FIQUE PRESA EM ENGARRAFAMENTOS."

"CONTO COM A AJUDA DA MINHA SOGRA."

"TENHO UMA BOA CONEXÃO DE INTERNET EM CASA E UM LAPTOP PARA PODER TRABALHAR A DISTÂNCIA QUANDO FICO PRESA EM CASA."

A MELHOR: "FIZ UM ACORDO COM OS MEUS VIZINHOS APOSENTADOS PARA PEDIR-LHES QUE TOMEM CONTA DOS MEUS FILHOS QUANDO ESTÃO DOENTES E ESTOU ATRASADA PARA O TRABALHO. EM TROCA, CONVIDO-OS PARA UM APERITIVO, PROPONHO-ME A FAZER AS SUAS COMPRAS..."

- Depois da aula

São vocês que dizem...

"Para fazer as crianças estudarem com calma, cada uma começa no seu quarto, depois vem me ver na sala. Sentada confortavelmente no sofá, estou pronta para explicar, para animar, para dar uma ajuda. Prefiro assim em vez de passar de quarto em quarto, mal sentada em um pedaço de edredom, no meio da bagunça que me estressa!"

"Até o Ensino Médio, dou um determinado tempo para fazerem os deveres. Depois, nós nos divertimos."

"Conto com a ajuda de duas ou três moças (que estão no Ensino Médio ou em cursos técnicos); cada uma tem o seu dia de acordo com a sua disponibilidade de tempo. Elas buscam as minhas filhas na saída do estudo, preparam a refeição e pedem para as crianças revisarem as lições, se for o caso."

"Horário: 17h50 às 20h00 ou 20h30. Sempre as selecionei de acordo com a redação do anúncio que publicavam no site de empregos da cidade (seção de babás)."

"Consigo ajudar as crianças com as lições paralelamente à preparação do jantar. As duas atividades são compatíveis e é um verdadeiro ganho de tempo."

"Contrato babás intercambiáveis e bilíngues."

"Combino com a vizinha para termos, cada uma, uma noite por semana em que podemos voltar do trabalho uma hora mais tarde."

"A minha babá se encarrega do banho, dos pijamas e da comida. Quando chego, dou-lhes o jantar e ainda me resta 1h30 para ficar com eles (ainda não tenho de ajudar com lições de casa...)."

"Canções e beijinhos enquanto ajudo na lição de casa... com o sorriso no rosto."

"Supervisão das lições da filha do meio durante o banho da caçula; depois, verificação das lições da caçula, que precisava de uma pausa antes das tarefas. Em seguida, jantar. E, na sequência, conversa com a mais velha para verificar se tudo está indo bem."

A melhor: "Os filhos escolhem a ordem em que desejam executar as atividades: muitas vezes, isso ajuda a baixar a pressão. A minha filha prefere fazer a lição de casa de pijama, então, às vezes, ela toma banho às 17h30".

Os períodos críticos

- Bem antes da volta à escola

> SÃO VOCÊS QUE DIZEM...
>
> **A MELHOR:** "CONVIDO OS AVÓS A FIM DE PODER FAZER TODAS AS COMPRAS DE REINÍCIO DAS AULAS E AS MATRÍCULAS, SUPERVISIONAR MELHOR AS PRIMEIRAS SAÍDAS DA ESCOLA, ENSINAR AS TAREFAS TRANQUILAMENTE À NOVA BABÁ... E TER UMA VOLTA ÀS AULAS ZEN".

- Em dezembro

> SÃO VOCÊS QUE DIZEM...
>
> "COMPRO OS MATERIAIS ESCOLARES E FAÇO CÓPIAS COLORIDAS DAS FOTOS DE IDENTIDADE PARA A ESCOLA, PARA AS ATIVIDADES EXTRAESCOLARES, ETC."
> "VOU AO MÉDICO PARA RENOVAR OS ATESTADOS VÁLIDOS POR TRÊS MESES."
> "A PARTIR DE 1º DE DEZEMBRO, NÃO ASSUMO NENHUM COMPROMISSO PROFISSIONAL PARA DEPOIS DAS 17 HORAS, A FIM DE FICAR DISPONÍVEL PARA AS FESTAS DA ESCOLA OU DOS CENTROS DE ATIVIDADES NO FINAL DE ANO LETIVO. ELES AVISAM SEMPRE EM CIMA DA HORA."
> "FAÇO AS INSCRIÇÕES PARA AS ATIVIDADES EXTRAESCOLARES NA MEDIDA DO POSSÍVEL E MARCO CONSULTA COM O MÉDICO PARA UMA QUARTA-FEIRA DE MARÇO."

- O ano todo

SÃO VOCÊS QUE DIZEM...

"Faço estoques de presentes quando surge uma ideia para os convites, para os aniversários, para as recompensas..."

"Aproveito as liquidações para comprar alguns presentes de Natal (novidades para os amigos, objetos de couro, itens para bagagem, eletrônicos, joias...) e agasalho dos filhos para o ano seguinte."

"Marco sistematicamente consultas de um mês a outro no pediatra, entre novembro e abril, para os filhos menores de quatro anos (a consulta sempre serve para alguma coisa: vacina, doenças, terrores noturnos...)."

"Prevejo as consultas com os especialistas (dentista, oftalmologista, dermatologista) nos períodos "calmos" (março, abril, maio), em vez de tentar colocar tudo no mês de dezembro, que já é sobrecarregado."

"Para prever as viagens nas férias, tenho uma lista pronta para consultar, a fim de não esquecer nada, e, na semana anterior à viagem, coloco um cesto grande em um canto em que vou jogando, conforme penso, aquilo que já posso separar antecipadamente (filtro solar, máquina fotográfica, livros, chave da casa de férias, passaporte, etc.)."

Chega de carregar o mundo nas costas!

Os cuidados pessoais

São vocês que dizem...

"Tomar banho fazendo o exercício da cadeira (fortalecimento das coxas e dos glúteos)."

"Sentada à mesa de trabalho, esticar-se para trás das pernas, alongando-as."

"Massagear-se com o creme para o corpo."

"Evitar usar o elevador. Preferir mentir dizendo ser claustrófoba em pró da saúde."

"Manter-se ereta para evitar problemas na coluna."

"Pôr os sapatos de salto na bolsa e caminhar com tênis, como as americanas."

"Não olhar as informações em imagens (jornais, vídeo...), são ansiogênicas."

"Cancelar a assinatura de todos os sites de vendas, de atualidade, pois poluem a caixa de e-mail, as minhas ideias, a minha pasta e o meu tempo."

"Manter uma rede de boas amigas para desestressar a qualquer momento."

Esfriando a cabeça e ganhando energia

- Atividades físicas

> São vocês que dizem...
>
> "Eu corro, corro, corro!"
> "Faço ioga, pilates, natação, alongamentos diante da tevê à noite."
> "Danço muito com música!"

- Trabalhos manuais

> São vocês que dizem...
>
> "Costurar e tricotar, mesmo que não seja importante."
> "Bricolagem, pintar os móveis."
> "Cozinhar."

- Outros

> São vocês que dizem...
>
> "Guardo metade dos meus dias de folga para fins de semana com amigas ou para um dia de relaxamento para mim, sem trabalho e sem cuidar dos filhos."

"Deixo os meus filhos com os vizinhos uma vez por mês para ganhar fôlego e me recuperar."

"Tenho belas fotos da minha família e dos amigos por toda parte (trabalho, bolsa, computador, quarto de vestir, banheiro...) para voltar a me centrar rapidamente no essencial."

"Nos fins de semana, saio com o meu marido, entre amigas, vou visitar amigos."

"Volto a me deitar após o café da manhã com um bom livro."

"Tomo um banho quente, com luz suave."

"Faço sessões de massagem."

"Saio uma vez por semana com o meu marido."

"Passo uma tarde em um centro de bem-estar para famílias para compartilhar trabalhos com os meus filhos ou descansar, deixando-os aos cuidados de funcionários da seção especializada!"

A melhor: "A cada volta das férias, programo as férias seguintes".

As piores experiências das amigas que carregam o mundo nas costas

São vocês que dizem...

"Sair de chinelos para o trabalho."

"Devorar três caixas de chocolate."

"Deixar as crianças diante da tevê um dia inteiro."

"Fazer sozinha a redação do caçula e fazê-lo prometer não contar para a professora."

"Sair com o saco de lixo ou a pasta do meu filho na mão em vez do computador... e só me dar conta tarde demais!"

"Esquecer os filhos na escola."

"Sair sem pagar o restaurante por ter esquecido."

"Deixar a minha filha com uma babá que eu sabia que era inadequada."

"Sair com o controle remoto, em vez do celular."

"Procurar, durante duas horas, o telefone que estava na geladeira."

"Calçar dois sapatos diferentes para ver qual fica melhor e sair assim para o trabalho."

"Comprar todos os presentes em outubro e esquecer de levá-los no Natal."

"Sair sem o capacete da moto e sem as chaves da casa (belo dia azarado!)."

"Estar usando um casaco cheio de baba em uma entrevista de emprego."

"Tomar o metrô em sentido inverso e só me dar conta depois de diversas estações."

"Deixar a etiqueta da loja presa na parte externa do casaco o dia todo."

"Sair de uma entrevista com o cliente e perceber que a minha saia estava presa na calcinha."

"Pegar o avião deixando o carro ligado, as chaves no contato."

"Dar quatro horas de aula com sementes de mirtilo nos dentes (sem tempo de escová-los)."

"Mentir sobre o estado de saúde da minha filha, ao deixá-la na escola."

Aplicativos de celular e tablets para organizar-se:

- **Remember the milk.** Aplicativo que ajuda a administrar a vida cotidiana, a não esquecer as tarefas importantes que devem ser realizadas. De fato, permite redigir listas classificadas tematicamente e por ordem de prioridade.

- **Google Agenda.** Este aplicativo é uma agenda e organizador digital que permite gravar lembretes de voz, inserir eventos comuns, e também texto livre, diagramas e imagens.

- **Do it (Tomorrow) (em inglês).** Se o fato de planejar tudo antecipadamente está acima das suas forças, este é um aplicativo que impede esse comportamento e o substitui. Feito para os reis da procrastinação, que querem permanecer eficientes, mas sempre deixam tudo para o dia seguinte!

- **Smart Pad (em inglês).** Considerado como um dos melhores aplicativos de gestão de calendário e de tarefas para iPad. Smart Pad combina, em um único aplicativo, a gestão de tarefas e de lembretes. Pode ajudá-la a achar tempo para efetuar as tarefas que você mesma estabeleceu. Calcule o tempo que você deseja passar executando uma atividade e ele encontrará automaticamente na sua agenda um intervalo para realizá-la, sincronizando-se com os seus calendários (iPad, Google ou Outlook).

- **Producteev.** Figura entre as soluções para gestão das tarefas do mercado. Tudo aquilo de que você precisa se encontra nele (tags, lembretes, filtros, notificação, colaboração, app mobile).

- **Priority matrix (em inglês).** Trata-se de uma poderosa série de software, intuitiva e fácil de usar que ajuda aos usuários a serem mais eficientes na gestão das suas prioridades, utilizando metodologias seguras de gestão do tempo, classificando as suas tarefas em urgente/importante, como indicado no quadro "Hierarquizar as suas prioridades" (ver pág. 82).
- **GTD (Get things done).** Um aplicativo Android de gestão de tarefas e projetos muito completo. Frequentemente usado para a gestão de projetos profissionais.

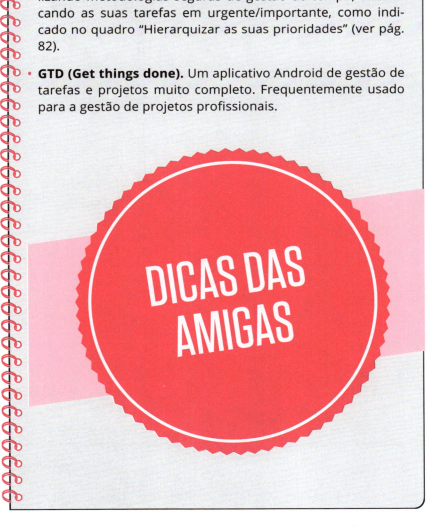

Conclusão

Parabéns por ter finalizado a programação de 21 dias: desde já, orgulhe-se de você!

Orgulhe-se de ter vontade de mudar uma situação que está escapando do seu controle.

Ainda que esteja cansada, orgulhe-se de ter aquela extraordinária coragem e a insaciável vontade de fazer melhor.

Orgulhe-se de, apesar de um cotidiano atropelado, ter essa incrível vontade de agradar, de compartilhar, de conciliar tudo e de aproveitar plenamente a vida.

Agora, aceite esse desafio de mudança que se oferece a você. A sua força reside no respeito do ritual. Trate-o como se fosse um treinamento, e ele irá se fixar naturalmente em você.

Você nunca mais será aquela que carrega o mundo nas costas porque, depois desses 21 dias para organizar e aproveitar a vida, tudo tenderá a ficar mais ameno, adotando algumas estratégias e uma boa dose de autoconfiança.

Esse desafio é seu, mas se estenderá também à sua família. Veja-o como um presente que contém uma surpresa a ser desvendada a cada dia. Nesse período você vai redescobrir a si mesma e aos outros, operar mudanças de organização e abrir-se para a felicidade.

Este livro que está nas suas mãos contém as dicas e as práticas necessárias para ajudá-la a aceitar esse desafio. Não esperamos que ele vá eliminar todas as suas preocupações, mas que evite que elas se instalem e a impeçam de aproveitar a sua vida.

Desejamos que ele lhe permita respirar melhor física e mentalmente, a fim de que você se deixe invadir pela doçura e pela felicidade, trazendo-lhe toda a energia e a confiança de um atleta de alto nível.

E, para sublimar estas três semanas, convidamos você a listar, nesta conclusão, cinco vitórias obtidas durante esses 21 dias programados para deixar de carregar o mundo nas costas.

Não importa se se tratam de conquistas pessoais ou profissionais, o essencial é que elas a tenham proporcionado uma sensação de bem-estar, de satisfação, de orgulho, ou, simplesmente, tenham provocado um sorriso. Volte a ler essa lista sempre que for preciso e repita os rituais da Melhor Amiga quando se sentir envolvida em um projeto que não é o seu.

E, principalmente, orgulhe-se de você, a cada dia, assim derrubará montanhas como uma campeã!

As suas cinco vitórias:

1. ....

2. ....

3. ....

4. ....

5. ....

Pequena confidência

Gostaríamos de partilhar com vocês esta novíssima experiência, que é escrever um livro em dupla.

Percebemos, no dia a dia dessa missão, o segundo impulso de que precisávamos nas nossas vidas e nas nossas carreiras.

A realidade é que, muitas vezes, faltou-nos o ânimo, mas o fato de respeitarmos os nossos rituais realmente ajudou.

Foi isso que nos ajudou a não ceder à desorganização que tão fácil e tão sorrateiramente se instala. E, para tanto, pusemos à rude prova a nossa Melhor Amiga!

E grandes agradecimentos

Queremos agradecer, de todo o coração, aos nossos caros maridos, por nos terem apoiado, e às nossas filhas queridas, pelo suporte e encorajamento.

Um grande agradecimento também às nossas irmãs e às nossas amigas, que nos assistem e nos inspiram.

Gratidão pela gentileza de Isabelle para com a Barbara, que a alistou nesta aventura.

Obrigada também a Anne e Gwenaëlle, por terem depositado em nós toda a sua confiança e, por essa razão, terem fortalecido a nossa!

Bibliografia

- **1ª semana – para saber mais:**

ANDRÉ, Christophe; LELORD, François. *L'estime de soi. S'aimer pour mieux vivre avec les autres.* Paris: Odile Jacob, 2008.

ANDRÉ, Christophe. *Imparfaits, libres et heureux.* Paris: Odile Jacob, 2006.

BERLIET, Catherine. *Et si je prenais mon temps.* Paris: Eyrolles, 2013.

COMBY, Bruno. *Éloge de la sieste.* Paris: F.-X. de Guibert, 1992.

MEYER, Barbara. *Ma forme au naturel.* Paris: Eyrolles, 2009.

MUCCHIELLI, Roger. *L'entretien de face-à-face dans la relation d'aide.* Paris: ESF, 2009.

POLETTI, Rocette; DOBBS, Barbara. *Lâcher prise.* Bernex/Saint-Julien-en-Genevois: Jouvence, 1999.

- **2ª semana – para saber mais:**

ALLEN, David. *Get Things Done.* Paris: Leducs, 2008.

AMAR, Patrick; ANDRÉ, Silvia. *J'arrête de stresser.* Paris: Eyrolles, 2013.

ANDRÉ, Christophe. *Méditer jour après jour.* Paris: Iconoclaste, 2013.

COVEY, Stephen R. *Les 7 habitudes de ceux qui réalisent tout ce qu'ils entreprennent.* Paris: First Business, 1996.

FOUCAULT, Marie de; GHESQUIÈRE, Anne. *My Natural Beauty Book.* Paris: Eyrolles, 2014.

GILBRETH, Ernestine; GILBRETH, Frank. *Treize à la douzaine*, Paris: Gallimard Jeunesse, 2008.

LOREAU, Dominique. *L'art des listes.* Paris: Robert Laffont, 2007.

_____. *L'art de la simplicité.* Paris: Robert Laffont, 2004.

SCHIAPPA, Marlène. *Les 200 astuces de Maman travaille.* Paris: Quotidien Malin, 2013.

- **3ª semana – para saber mais:**

ALAIN. *Propos sur le bonheur.* Paris: Gallimard, 1928.

ARISTOTE. *Éthique à Nicomaque.* Paris: Flammarion, 2004.

BALLARIN, Jérôme. *Travailler pour vivre mieux. Comment concilier vie professionnelle et vie familiale?* Paris: Nouveaux Débats Publics, 2010.

CLOUZARD, Catherine. *50 exercices de Gestalt.* Paris: Eyrolles, 2013.

MILLÊTRE, Béatrice; LEIMON, Averil; McMAHON, Gladeana. *La pensée positive pour les nuls.* Paris: First, 2010.

MULLER, Marie-France. *Croire en soi.* Bernex/Saint-Julien-en-Genevois: Jouvence, 1997.

PROD'HOMME, Gilles. *S'affirmer sans s'imposer.* Malakoff: Dunod, 2007.

SARFATI, Anne-Cécile. *Être femme au travail, ce qu'il faut savoir pour réussir mais qu'on ne vous dit pas.* Paris: Odile Jacob, 2013.

TARGET, Christian. *Le manuel de la préparation mentale.* Paris: Chiron, 2003.